Reise durch

CHILE

Bilder von

Karl-Heinz Raach

Texte von

Georg Schwikart

Stürtz

INHALT

Erste Seite: *Wandgemälde in Calama. – Die Bevölkerung Chiles bildete sich im Lauf der Zeit aus Ureinwohnern und spanischen Siedlern. Seit dem 19. Jahrhundert kamen Einwanderer aus Europa und Nahost hinzu. Man bemüht sich, eine nationale Identität zu entwickeln, und doch ethnische, kulturelle und religiöse Vielfalt zu erhalten.*

Vorherige Seite:
Die 6 Quadratkilometer große Laguna de Cotacotani – auf 4500 Meter gelegen – gehört zu den höchstgelegenen Seen der Welt. Sie liegt im Lauca-Nationalpark nahe der Grenze zu Bolivien und wird unterirdisch vom Lago Chungará gespeist.

Unten:
Hier drehen sich die Paare auf der Plaza de Armas in Santiago. In Chile sind Volkstänze generell beliebt; am populärsten ist der „offizielle" Nationaltanz Cueca. Weitere Volkstänze sind die Tirana, der Cuándo und die Refalosa.

Seite 10/11:
Sieht romantischer aus, als es ist: Die Boote, die vom Fischereihafen Antofagasta im Norden des Landes auslaufen, fangen in Küstennähe nicht mehr viel. Erst weit draußen im Pazifik lohnt sich der Fang noch. Hauptabnehmer chilenischen Fisches ist Japan.

032
1092
1641
1279
1165

Johnson's
ANTOF
ANTOFAGASTA

„LAND, WO DIE WELT ZU

Der Salzsee Laguna Miscanti im Norden der Atacama-Wüste wechselt seine Farbe je nach Betrachtungsstandort von hellgrün bis dunkelblau, und bietet mit seiner dicken Salzkruste am Ufer ein unvergleichliches Bild. Im Hintergrund ragen Vulkankegel auf.

Chilli" ist ein Wort aus der Sprache der Aymara-Indianer. Es bedeutet: „Land, wo die Welt zu Ende ist". Die spanischen Eroberer übernahmen diese Bezeichnung für das Gebiet südlich der Atacama-Wüste und nannten es „Chile". Mit den Chili-Schoten hat der Name übrigens nichts zu tun.

Chile erstreckt sich entlang der Westküste Südamerikas zwischen dem 17. und 56. Grad südlicher Breite über rund 4300 Kilometer in Nord-Süd-Richtung – von Arica bis Puerto Williams ist es etwa so weit wie von Lissabon nach Istanbul. Doch ist das Land nur ein schmaler Streifen zwischen Anden und Pazifik, zwischen 90 und 240 Kilometer breit.

Die Anden sind mit rund 7500 Kilometern die längste Gebirgskette der Erde. An der Grenze Argentiniens zu Chile liegt ihr höchster Berg, der 6962 Meter hohe Aconcagua. In den Anden gibt es auch die höchsten Vulkane der Erde. Parallel zu den Anden verläuft in Mittel- und Südchile entlang der Pazifikküste die Cordillera de la Costa (Küstenkordillere). Dazwischen liegt das Valle Central (Zentraltal).

Zum 756950 Quadratkilometer großen Staatsgebiet Chiles zählen auch einige Inseln, wie die Osterinsel, rund 3500 Kilometer von der chilenischen Küste entfernt, oder die drei Juan-Fernández-Inseln. Auf einer davon lebte der Seemann Alexander Selkirk alleine von 1704 bis 1709. Er gilt als Vorbild für Daniel Defoes Romanfigur „Robinson Crusoe".

Aufgrund der Nord-Süd-Ausdehnung über 39 Breitengrade und seiner großen Höhenunterschiede weist Chile mehrere Klima- und Vegetationszonen auf, von der trockensten Wüste der Erde bis zum Eis der Antarktis. Schneebedeckte Gipfel, Gletscherseen und Fjorde gehören ebenso dazu wie Vulkane,

ENDE IST" – CHILE

Wüsten und Salzseen, die üppigen Plantagen und Weinberge im Zentraltal ebenso wie Regenwälder und Tundren.

UNTER SPANISCHER HERRSCHAFT

Erste Menschen dürften schon in der Altsteinzeit, etwa 13 000 Jahre vor der Zeitenwende, auf dem Gebiet des heutigen Chile gelebt haben. Der erste Europäer, der einen Fuß auf chilenischen Boden setzte, war der portugiesische Seefahrer Fernando Magellan (1480–1521). Er brach für die spanische Krone im Jahr 1519 zur ersten Weltumsegelung auf, und entdeckte dabei die Magellanstraße, die Meerenge zwischen dem südamerikanischen Festland und Feuerland.

1533 eroberten spanische Truppen unter Francisco Pizarro das Reich der Inka. Damit begann die Zeit der Konquistadoren (spanisch: Eroberer), die Südamerika für Spanien und Portugal in Besitz nahmen. 1541 gründete der Konquistador Pedro de Valdivia die erste Stadt auf chilenischem Boden: Santiago (Sankt Jakob). Chile gehörte zum 1542 errichteten spanischen Vizekönigreich Peru mit der Hauptstadt Lima, das um 1650, zur Zeit seiner größten Ausdehnung, fast den gesamten von Spanien beherrschten Teil Südamerikas umfasste. – Auf Betreiben von Papst Alexander VI. war im Vertrag von Tordesillas 1494 die Welt in eine portugiesische und eine spanische Hälfte aufgeteilt worden. Dabei fiel der östliche Teil Brasiliens an Portugal; darum wird in Brasilien portugiesisch gesprochen.

Das eingeborene Volk der Mapuche, das auf dem Gebiet der heutigen Staaten Chile und Argentinien lebte, leistete erbitterten Widerstand gegen die Eroberer. 1641 wurde schließlich im Vertrag von Quillín die Existenz einer unabhängigen Mapuche-Nation anerkannt, ein einzigartiger Vorgang in der Geschichte der spanischen Kolonialherrschaft. Als nördliche Grenze des Mapuche-Territoriums wurde der Río Bío Bío festgelegt. Dieser mit 380 Kilometern zweitlängste Fluss Chiles verläuft etwa 500 Kilometer südlich von Santiago. Chile war eine der ärmsten Provinzen der Spanier in Amerika, denn dort fanden die Eroberer zunächst nur wenig von den erhofften Bodenschätzen Gold und Silber. So blieb das Gebiet weitgehend unbeachtet und wurde für die Kolonialherren erst später durch seine landwirtschaftlichen Erzeugnisse interessant. Zudem hemmten Naturkatastrophen wie Erdbeben und Vulkanausbrüche die Entwicklung Chiles.

DER WEG IN DIE SELBSTSTÄNDIGKEIT

Der Übergang von der spanischen Kolonie zum autonomen Staat vollzog sich allmählich. 1609 wurde das Generalkapitanat Chile gegründet; seither war Chile eine Verwaltungseinheit mit einem eigenen Obersten Gerichtshof. – Die Generalkapitane, auch die anderer Kolonien (zum Beispiel Guatemala oder Venezuela), waren vom Vizekönigreich Peru abhängige Militärstatthalter. – 1778 erhielt Chile Handelsfreiheit innerhalb des spanischen Königreichs.

In Europa veränderten die Französische Revolution 1789 und der Aufstieg Napoleons die politische Landschaft. 1808 wurde Spaniens König Karl IV. gezwungen, zugunsten von Napoleons Bruder Joseph Bonaparte auf seinen Thron zu verzichten. In Chile kam es zum Bürgerkrieg zwischen Königstreuen und Liberalen. Auch die militärische Intervention der Spanier konnte die Loslösung von der Kolonialherrschaft nicht aufhalten. Zwar war Chile ab 1814 wieder unter spanischer Kontrolle, doch 1818 proklamierte das Land seine Unabhängigkeit. 1826 waren die letzten spanischen Truppen geschlagen; der Bürgerkrieg dauerte noch bis 1833.

Die folgenden Jahrzehnte brachten Chile eine Zeit der Stabilität und des Aufschwungs. Um 1820 hatte man in der Atacama-Wüste im Norden des Landes reiche Salpetervorkommen entdeckt, und 1832 fand der Hirte Juan Godoy in Chañarcillo, 50 Kilometer südlich von Copiapó, eine riesige Silberlagerstätte. Schon 1838 erzeugte man in den Schmelzöfen von Copiapó etwa 20,3 Tonnen Silber. Zeitweise war Chañarcillo die drittgrößte Silbermine der Welt. 1851 fuhr die erste Eisenbahn des Landes von Copiapó zum Exporthafen Caldera. Die Landwirtschaft florierte; ein Schulsystem wurde eingeführt; man begann mit dem Abbau und Export von Salpeter und Kupfer. Zahlreiche Europäer wanderten ein – Engländer, Iren und andere; seit dem Revolutionsjahr 1848 kamen auch viele Deutsche ins Land. Im „Salpeterkrieg“ von 1879 bis 1884 eroberte Chile Gebiete im Norden des Landes zu Lasten von Peru und Bolivien. Bolivien büßte dadurch seinen Zugang zum Pazifik ein, und auch die Stadt Calama, in deren Nähe einige Jahre später die größten Kupfervorkommen der Welt gefunden wurden. 1881 wurde Feuerland unter Argentinien und Chile aufgeteilt; 1888 annektierte Chile die Osterinsel. Am Ende des 19. Jahrhunderts war Chile zur wirtschaftlich stärksten Region in Südamerika geworden.

Blick vom Cerro San Cristóbal auf die Hauptstadt Santiago de Chile. Der Ort wurde vom spanischen Eroberer Pedro de Valdivia am 12. Februar 1541 in einer feierlichen Zeremonie auf dem Hügel Cerro Santa Lucía gegründet und Santiago genannt, zu Ehren des spanischen Schutzpatrons, des Apostels Santiago (St. Jakob).

TURBULENTE ZEITEN

Im Ersten Weltkrieg blieb Chile neutral, doch führten Wirtschaftskrisen in den folgenden Jahren zur innenpolitischen Destabilisierung. Die Einnahmen aus dem Salpeterexport gingen drastisch zurück, da 1910 ein Verfahren erfunden worden war, Ammoniak – und damit Stickstoffdünger – synthetisch herzustellen. Es kam zu Unruhen und Aufständen in den Salpeterminen, die von der Regierung niedergeschlagen wurden. Staatsstreiche und Rücktritte wechselten sich ab.

Im Zweiten Weltkrieg blieb Chile – aus Rücksicht auf die deutschstämmigen Chilenen – ebenfalls lange Zeit neutral, und trat erst 1944 als Verbündeter der USA in den Krieg ein. 1945 gehörte das Land zu den Gründungsmitgliedern der Vereinten Nationen. 1949 wurde das Frauenwahlrecht eingeführt, 1958 die Kommunistische Partei wieder zugelassen. Mit der Machtübernahme Fidel Castros in Kuba 1959 geriet Lateinamerika stärker ins Blickfeld der USA, die weitere kommunistische Regimes verhindern wollten. Sie unterstützten den Wahlkampf der chilenischen Christdemokraten mit mehreren Millionen Dollar.

Der 1908 geborene Arzt Salvador Allende hatte als Student begonnen, politisch aktiv zu werden. 1937 war er erstmals Parlamentsabgeordneter für die Sozialistische Partei, von 1938 bis 1940 Gesundheitsminister. Ab 1952 kandidierte er mehrmals für das Amt des Staatspräsidenten. 1969 wurde die „Unidad Popular" gegründet, ein Bündnis aus Sozialisten, Kommunisten und einigen kleineren Linksparteien. Bei den Präsidentschaftswahlen am 4. September 1970 errang Allende einen Vorsprung von 39000 Stimmen. Er war der weltweit erste und einzige Staatspräsident, der sich zu marxistischem Gedankengut bekannte und demokratisch gewählt wurde.

Durch die Verstaatlichung wichtiger Wirtschaftszweige und eine Agrarreform sollte Chile weniger abhängig von den USA werden. Die USA setzten daraufhin ein internationales Handels- und Kreditembargo gegen Chile durch, das das Land in eine schwere Wirtschaftskrise stürzte. Die Inflationsrate

Links und rechts Wüste, in der Mitte ein Garten Eden: Weintrauben, Feigen, Papayas und andere Früchte gedeihen zwischen kahlen Bergen im Tal des Flusses Elquí östlich von La Serena. Das Valle de Elquí ist eines der größten chilenischen Weinbaugebiete.

erreichte über 600 Prozent; es kam zu Nahrungsmittelrationierungen, Streiks, Straßenschlachten und Terroranschlägen. Am 11. September 1973 putschte das Militär. Allende kam bei dem Putsch ums Leben, vermutlich durch Suizid. General Augusto Pinochet, der Vorsitzende der Militärjunta, regierte von diesem Tag an bis zum 11. März 1990 als Diktator. Während seiner Amtszeit fielen in Chile Tausende dem Terror und der Folter zum Opfer. Im Fußballstadion Estadio Nacional in Santiago sollen mehr als 40 000 Gefangene zusammengetrieben worden sein. Hunderttausende Chilenen flohen aus dem Land; außenpolitisch geriet das Land fast völlig in die Isolation.

CHILE HEUTE

Im Oktober 1988 fand eine Volksabstimmung darüber statt, ob Pinochet der einzige Kandidat bei den Präsidentenwahlen von 1989 sein dürfe. 54 Prozent der Abstimmenden sprachen sich für mehrere Kandidaten aus. So kam es 1989 zu freien Wahlen. Pinochet wurde am 11. März 1990 als Präsident von dem Christdemokraten Patricio Aylwin abgelöst. Unter dem Reformsozialisten Ricardo Lagos, Präsident von März 2000 bis März 2006, wurde eine Kommission zur Untersuchung der Gräueltaten des Pinochet-Regimes eingesetzt. Mit der Verfassungsreform von 2005 wurde der Einfluss des Militärs auf die Politik begrenzt.

Seit dem 11. März 2006 hat Chile zum ersten Mal ein weibliches Staatsoberhaupt: die Kinderärztin Michelle Bachelet (geb. 1951) vom Mitte-Links-Bündnis, die zuvor schon Gesundheits- und Verteidigungsministerin gewesen war. Ihr Vater, ein Anhänger Allendes, war unter Pinochet gefoltert worden. Heute leben rund 16,3 Millionen Menschen im Land, fast die Hälfte davon im Großraum Santiago. Kirche und Staat sind seit 1925 strikt getrennt; die zahlenmäßig stärkste Religionsgemeinschaft des Landes ist die römisch-katholische Kirche. Etwa fünf Prozent der Chilenen gehören den sogenannten indigenen Völkern an, also den indianischen Ureinwohnern. Der größte Teil davon – rund 600 000 – zählt zu den Mapuche.

Im 19. Jahrhundert sind zahlreiche Europäer nach Chile immigriert. Etwa 200 000 Chilenen sind deutscher Abstammung. Noch heute tragen die Biere Namen wie „Becker“ oder „Kunstmann“; das deutsche Wort „Kuchen“ ist aus dem chilenischen Wortschatz nicht wegzudenken, und es gibt deutsche Schulen und ein deutsches Fernsehprogramm. Wer heute als Europäer nach Chile kommt, erlebt – nach 18 Stunden Flugzeit – gewiss keinen „Kulturschock“.

PERSÖNLICHKEITEN AUS KULTUR UND KUNST

Die chilenische Kultur wird durch einige Persönlichkeiten von internationalem Rang repräsentiert, allen voran der Dichter Pablo Neruda (1904–1973). 1971 erhielt er den Literaturnobelpreis. Diese Auszeichnung war nicht zum ersten Mal nach Chile gegangen. Schon 1945 hatte man die Dichterin Gabriela Mistral (1889–1957) damit geehrt, „für ihre von starkem Gefühl getragene Lyrik, die ihren Namen zu einem Symbol für die ideellen Bestrebungen der lateinamerikanischen Welt gemacht hat“, wie es in der Begründung hieß. Zwar blieb der Nobelpreis einer weiteren chilenischen Schriftstellerin noch versagt, doch dafür ist sie mit 35 Millionen verkauften und in 27 Sprachen übersetzten Büchern eine der erfolgreichsten Autorinnen weltweit: Isabel Allende (geb. 1942), eine Nichte von Salvador Allende. Mit Bestsellern wie „Das Geisterhaus“ (1982) oder „Eva Luna“ (1987) wurde sie zur literarischen Vermittlerin der lateinamerikanischen Geschichte, Kultur und Politik und gewann zahlreiche Literaturpreise. Der Schriftsteller Antonio Skármeta (geb. 1940) verließ nach dem Militärputsch 1973 das Land und gelangte über Argentinien 1975 nach West-Berlin. Sein Roman „Mit brennender Geduld“ ist eine poetische Hommage an Pablo Neruda. Die Verfilmung von 1994 unter dem Titel „Der Postmann“ wurde ein Welterfolg. Skármeta lebte 14 Jahre lang in West-Berlin. 1989 kehrte er nach Chile zurück, kam aber wieder nach Berlin – diesmal, von 2000 bis 2003, als Botschafter seines Landes.

In der klassischen Musik erlangte der Pianist Claudio Arrau (1903–1991) Weltruhm, der als Sohn eines Augenarztes in Chillán geboren wurde. Ein Stipendium der chilenischen Regierung ermöglichte dem „Wunderkind“, ab 1913 in Berlin zu studieren. Viele seiner Aufnahmen, unter anderem von Werken Beethovens oder Schuberts, sind legendär. In seinem Geburtsort erinnert ein Museum an ihn. Die Folklore-Musikerin Violeta Parra (1917–1967) erlernte das Gitarrenspiel, sammelte ab 1952 Volksmusik aus ländlichen Gegenden und setzte sich für die Erneuerung der chilenischen Folklore ein. Außerdem betätigte sie sich als Malerin, Bildhauerin und Töpferin. Eine ihrer Ausstellungen war sogar im Louvre in Paris zu sehen.

„Venceremos" („Wir werden siegen"), das Kampflied der „Unidad Popular", stammt zwar nicht von dem Musiker und Schauspieler Víctor Jara (1932–1973), bleibt aber mit seinem Namen verbunden. Als überzeugter Kommunist unterstützte er Salvador Allende und nahm in vielen seiner Lieder Bezug auf das politische Geschehen. Am 11. September 1973, während des Pinochet-Putsches, wurde er festgenommen, fünf Tage lang im Estadio Nacional in Santiago gefoltert und schließlich umgebracht. Zu seinem 30. Todestag wurde das Stadion offiziell in „Estadio Víctor Jara" umbenannt.

WIRTSCHAFT UND HANDEL

Chile ist heute der Staat mit dem höchsten Pro-Kopf-Einkommen in Südamerika, obwohl immer noch rund 18 Prozent seiner Bevölkerung als „arm" gelten und fünf Prozent als „extrem arm". Die Inflationsrate liegt im Schnitt zwischen zwei und vier Prozent. Seit 1998 hat sie die Fünf-Prozent-Marke nicht mehr überschritten. Um den Abstand zwischen Arm und Reich zu verringern, fördert der Staat durch günstige Darlehen die Möglichkeit, ein eigenes Haus zu erwerben. So entstehen viele neue Siedlungen. Chile gehört zu den führenden Wirtschaftsnationen Lateinamerikas. Nahezu 40 Prozent der weltweit bekannten Kupfererzvorkommen liegen in Chile; die größte Kupfermine des Landes (Chuquicamata bei Calama) ist verstaatlicht. Im Jahr 2005 wurden 5,3 Millionen Tonnen des roten Metalls gefördert.

Etwa sieben Prozent der Landfläche werden landwirtschaftlich genutzt, hauptsächlich im Zentraltal. Die wichtigsten Produkte sind Obst und Gemüse – Chile ist weltweit einer der bedeutendsten Lieferanten von Äpfeln, Trauben, Pflaumen, Himbeeren und Avocados. Chilenisches Olivenöl macht den Produkten aus Spanien und Italien Konkurrenz. Der Weinbau hat Chile zum Wein-Exportland Nummer eins in Südamerika gemacht. Außerdem führt Chile Holz und Holzprodukte, Meeresfrüchte und Fisch aus, vor allem Lachs; inzwischen hat es Norwegen den Rang als weltweit größter Exporteur von Zuchtlachs abgelaufen.

Blick über den Lago Grey auf das zentrale Bergmassiv im Nationalpark Torres del Paine in Patagonien. Man möchte einfach nur dasitzen und schauen, wie die Eisbrocken vom Gletscher langsam dahintreiben. Hans Carossa sagte einmal: „Das Beste, was man aus der weiten Welt mitbringt, ist nach meiner Erfahrung die tiefe innere Gelassenheit gegenüber den Ansprüchen des Alltags."

REISEZIEL CHILE

Zu einem wichtigen Wirtschaftsfaktor hat sich der Tourismus entwickelt. Chile zieht vor allem Gäste aus seinen Nachbarländern und aus den USA an, denn die lange Anreise macht das Land für Europäer und Asiaten weniger verlockend. Derzeit ist es noch ein Reiseland für Individualisten mit Geduld und guter Kondition. Um die großen Distanzen zu überwinden, ist man viel unterwegs. Neben innerchilenischen Flugverbindungen zu allen größeren Städten gibt es nur wenige und relativ kurze Bahnstrecken. Über das dichte Straßennetz gelangt man mit Bus und Pkw jedoch überall hin, unter anderem 3000 Kilometer weit auf der längsten Straße der Erde, der Carretera Panamericana, die von Alaska bis Feuerland reicht. Von insgesamt 80 000 Kilometer Straßen in Chile sind nur – oder immerhin – 17 000 Kilometer asphaltiert. Zentraler Verkehrsknotenpunkt des Landes ist Santiago, das nicht nur über einen internationalen Flughafen, sondern seit 1975 auch über eine U-Bahn (Metro de Santiago) verfügt.

Die Landesnatur Chiles bietet beste Voraussetzungen für allerlei Freizeitaktivitäten, vom Schifahren und Bergsteigen über Wandern, Reiten und Golf bis zum Wassersport. Auch Naturfreunde kommen auf ihre Kosten: Chile besitzt 32 Nationalparks, 48 Nationalreservate (Naturschutzgebiete) und 15 Naturdenkmäler. Zur Vielfalt der chilenischen Tierwelt gehören Lamas und Alpakas, Pinguine und Kolibris ebenso wie der Andenhirsch oder Huemul, der zusammen mit dem Kondor, einem der größten Vögel der Welt, im Staatswappen dargestellt ist.

Wer als Kulturtourist das Land durchstreift, findet Zeugnisse der präkolumbischen Kultur und der chilenischen Geschichte vor. Gedenkstätten und hervorragend ausgestattete Museen zu verschiedensten Themen laden zum Besuch ein, vom Nationalmuseum der Schönen Künste in Santiago bis zum Schifffahrtsmuseum in Valparaíso. In Santiago findet man selbstverständlich, was Millionenstädte überall auf der Welt kennzeichnet: Geschäfte aller Art, Spitzenrestaurants und Schnellimbisse, ein – schon 1857 gegründetes – Stadttheater und ein attraktives Nachtleben.

Auf dem 2400 Meter hohen La Silla, 160 Kilometer nördlich von La Serena, wurde von der Europäischen Sternwarte ein Observatorium errichtet, nach der Eröffnung 1969 wurde es bis heute ständig erweitert. Die Bedingungen auf dem Berggipfel in unmittelbarer Nähe der Küste sind für die Sternenbeobachtung außerordentlich günstig.

ESSEN UND TRINKEN

Die chilenische Küche ist stark von der spanischen geprägt und trägt doch eigene Züge. Viele Einwanderer brachten ihre Rezepte mit in die neue Heimat; so findet man in Cafés auch „Schwarzwälderkirsch“ oder „Apfelstrudel“ in deutscher Sprache auf der Speisekarte.

Zur Hauptmahlzeit, die spät am Abend eingenommen wird, serviert man gerne Meerestiere – kein Wunder, bei Tausenden von Küstenkilometern. Der Ozean bietet neben Fischen wie dem beliebten Meeraal „Congrio“ oder der „Reineta“ allerlei Schalentiere – Muscheln, Krabben und Krebse –, dazu die roh zu essenden Seeigel und die wohlschmeckende Meeresschnecke „Loco“, die mittlerweile jedoch vom Aussterben bedroht ist. Man versteht sich auf die Zubereitung von Schaf, Rind oder Schwein, deren Fleisch meistens gegrillt oder über offenem Feuer gebraten wird. Sowohl die Art der Zubereitung als auch das gesellige Beisammensein nennt sich „Asado“. Zu den einfachen Mahlzeiten gehört die „Cazuela“, ein Eintopf mit Huhn, Gemüse, Kartoffeln, Mais und Reis – was gerade zur Verfügung steht. „Humitas“ bestehen aus Maisbrei, der in zarte Maisblätter eingewickelt, verschnürt und gedämpft wird. Man isst sie süß oder pikant. Eine appetitliche Zwischenmahlzeit sind die „Empanadas“: Teigtaschen, gefüllt mit Hackfleisch, Zwiebeln, Rosinen, gekochtem Ei und einer Olive. Empanadas bekommt man sowohl im Restaurant als auch, frisch frittiert, bei Straßenhändlern; da ist jedoch Vorsicht geboten, damit einen nicht „Montezumas Rache“ ereilt.

Der vulkanische Boden und das Klima lassen Früchte aller Art gedeihen. Zum Dessert reicht man in Chile jedoch auch äußerst süße Cremes oder Kuchen. Eröffnet oder beschlossen wird die Mahlzeit mit dem Weinbrand Pisco. Zwar beanspruchen die Peruaner, die Erfinder des Pisco zu sein, denn die gleichnamige Stadt befindet sich 250 Kilometer südlich von Lima, doch wird in Chile 46-mal mehr von dieser 35- bis 50-prozentigen Spirituose konsumiert. Man trinkt ihn pur, in Cola oder „sour“: gemixt mit Limonensaft, Zucker und zerstoßenem Eis.

ERINNERUNGEN

Als Mitbringsel eignen sich Wollwaren aus Alpaka- oder Schafwolle – natürlich steigen die Preise mit der Nähe zur Hauptstadt oder zu Sehenswürdigkeiten. In vielen Städten gibt es Läden eigens für traditionelles Kunsthandwerk („Artesania de Chile"). Typisch chilenisch sind Schmuck und Figürchen aus Lapislazuli. Der tiefblaue Stein kommt sonst nur in Afghanistan, Kalifornien und am russischen Baikalsee vor. – Chilenischen Wein mitzubringen, lohnt sich kaum, denn mittlerweile gibt es auch im europäischen Handel beste Sorten.

Doch das Wertvollste, was man mit nach Hause bringen kann, sind die Eindrücke aus diesem faszinierenden Land: Die Wallfahrt in Calama, in die man zufällig hineingeraten ist, bei der nachts bunt kostümierte Pilger vor einer Marienfigur tanzen. – Ein Abendessen in Punta Arenas, wo die nur dort erhältliche „Centolla Magallanica", die Königskrabbe aus der Magellanstraße, zu einem Glas Weißwein mundet. – Die kichernden kleinen Mädchen im Kinderheim von Los Vilos, die dem Gast zu Ehren ein Lied anstimmen. – Der Kontrast zwischen den Wellblechhütten am Stadtrand und den glitzernden Palästen im Zentrum der Metropole Santiago …

Chile ist in vielerlei Hinsicht ein abwechslungsreicher Streifen dieser Erde. Im Land erzählt man sich dazu einen eigenen Schöpfungsmythos: „Als der Schöpfer die fertig erschaffene Welt betrachtete, entdeckte er allerorten noch übriggebliebene Reste: Urwaldstücke, Wüstenfetzen, Flussschlingen, Kupferberge, Vulkane, Fjorde und Eis. Die Engel schütteten auf sein Geheiß all dies hinter einem langen Wall – den Anden – zusammen. So entstand Chile – das vielgestaltigste Land unseres Planeten."

Seite 22/23:
Ein Wahrzeichen Chiles: die Steilküste in der Nähe von Antofagasta mit dem bizarren Felsentor „La Portada". Hier kann man baden, allerdings ist das bei stürmischem Wetter und stärkerem Seegang nicht ganz ungefährlich.

Seite 24/25:
Auf vielen Ansichtskarten aus Chile findet sich dieses malerische Fotomotiv: „Klein-Venedig" auf der Insel Chiloé. In der Stadt Castro sind die Häuser der Fischer als Pfahlbauten im Wasser errichtet.

BIZARRE WÜSTENLANDSCHAFTEN UND REICHE

Mit „Altiplano“ bezeichnet man eine 170 000 Quadratkilometer große Ebene im Hochgebirge von Bolivien, Peru und Chile. In durchschnittlich 3600 Meter Höhe ist es kalt und trocken. Dennoch werden Abenteurer von dieser Gegend angezogen. Für Touren ist ein Allradfahrzeug notwendig, und Ausdauer zu Fuß.

Der Norden Chiles ist zum großen Teil von der Atacama-Wüste geprägt, der trockensten Wüste der Erde, und ihrem Reichtum an Bodenschätzen. 1400 Kilometer nördlich von Santiago liegt am Pazifik Antofagasta, 1870 als Standort für den Salpeterabbau in der Atacama-Wüste gegründet. – Aus dem ehemaligen Fischerdorf Iquique wurde zur Zeit des Salpeter- und Guanobooms eine wohlhabende Hafenstadt mit palmengesäumten Alleen – und mit ausgedehnten Elendsvierteln in der Vorstadt. – Arica ist die nördlichste Stadt Chiles; reizvoll ist die Kirche Catedral de San Marcos, die 1875 als Fertigbau-Eisenkonstruktion von Gustave Eiffel errichtet wurde.

Calama liegt auf einem Hochplateau inmitten der Atacama-Wüste. Von da führt eine 92 Kilometer lange asphaltierte Straße zum 5000-Einwohner-Ort San Pedro de Atacama am nördlichen Rand des Salar de Atacama, des mit 3000 Quadratmetern größten Salzsees von Chile, dessen Kristallschicht glitzert und bisweilen knackt wie zersplittertes Glas. In seiner Nähe liegt die Wüstenlandschaft Valle de la Luna, das „Tal des Mondes“.

Der Journalist Gerd Giesler beschrieb seine Eindrücke so: „Nur ab und an dürre Sträucher, kein grüner Tupfer in der Landschaft, und trotzdem ist diese Ödnis ein Gemälde voll üppiger Pracht. Der trockene Wind lässt haushohe Dünen wandern und schleift in ganze Gebirgszüge bizarre Muster. Kupfer und Salpeter – die größten Vorkommen der Erde – kolorieren das Land rotbraun und weiß. An 360 Tagen im Jahr scheint die Sonne, aufgrund der Höhenlage unbarmherzig und brandheiß. Die Nächte aber sind ein Geschenk des Himmels. Die Luft ist so klar, dass die Sterne zum Greifen nah scheinen.“ – Eben deswegen befinden sich bei La Silla die größten Sternwarten Südamerikas.

BODENSCHÄTZE – DER NORDEN CHILES

Der Lauca-Nationalpark (Parque Nacional Lauca) ist von Sechstausendern umgeben. Rund 130 verschiedene Tierarten leben hier zwischen 2800 und 4000 Meter Höhe, darunter auch der vom Aussterben bedrohte Andenkondor.

Je nach Lichteinfall verändert die Laguna de Cotacotani ihre Farbe. Der See liegt im Lauca-Nationalpark, der von der UNESCO 1981 als Biosphärenreservat ausgewiesen wurde. Ein Traumziel für Trekkingfreunde!

Rechte Seite:
Der Vulkan Parinacota gehört zu den beliebtesten Bergzielen Nordchiles. Nicht nur die Höhe, auch die landschaftliche Schönheit rauben einem buchstäblich den Atem. Der Aufstieg wird durch einen fantastischen Ausblick bis zur bolivianischen Cordillera Real („Königskordillere“) belohnt.

Oben:
Obwohl sie keinen Höcker haben, zählen Lamas zu den Kamelen. Diese Gattung kommt nur in Südamerika vor. Bereits im 3. Jahrtausend vor Christus wurde das Lama als Haustier gehalten. Die Kulturen des Andenraums nutzten seine Wolle, Haut, Fleisch und Fett; vor allem diente es im Gebirge als Lasttier.

Rechts:
Familienspaziergang am Sonntagnachmittag. – Die genügsamen Tiere finden im Lauca-Nationalpark in Nordchile alles, was sie zum Leben brauchen.

Oben:
In bezaubernder Umgebung leben die Flamingos im smaragdgrünen Lago Chungará im Lauca-Nationalpark. Sie ernähren sich von den Kleinorganismen des Planktons, die sie mit dem dafür spezialisierten Schnabel aus dem Wasser filtern.

Links:
Als würde er extra fürs Foto posieren, so steht dieser Flamingo im salzigen Lago Chungará – einem idealen Lebensraum für diese Vögel. Die geselligen Tiere bilden Kolonien von Tausenden und Zehntausenden Vögeln.

Etwa 30 Bewohner zählt das Dorf Parinacota im Gebiet des Altiplano auf 4400 Meter Höhe. Der Flecken weist eine Sehenswürdigkeit auf, die jeder Reiseführer verzeichnet: Die Kirche aus dem 17. Jahrhundert.

Bilder unten rechts: *Das Gotteshaus von Parinacota ist innen mit Fresken im Barockstil geschmückt, die von Eingeborenen mit Wasserfarben gemalt wurden, unter anderem eine Darstellung des „Jüngsten Gerichts". – Auf 1000 Einwohner kommen in Chile 15,23 Geburten, aber nur 5,81 Todesfälle. Damit wächst die Bevölkerung kontinuierlich.*

Ganz rechts oben: *Scheu lächelt dieses Indianermädchen. Andere haben nichts zu lachen: In Chile gibt es durchaus noch Kinderarbeit, obwohl sie gesetzlich verboten ist. Kinder schuften als Schuhputzer, in der Fischerei, in der Landwirtschaft oder bei Heimarbeit, um die arme Familie zu unterstützen.*

Ganz rechts unten: *Wie Kuscheltiere: Mit ihrem dicken Fell frieren diese Lamas nicht so leicht im rauen Klima des nördlichen Hochlandes.*

Oben:
Die Kleinstadt Putre liegt auf 3650 Meter Höhe und ist der Eingang zum Lauca-Nationalpark. Die knapp 2000 Einwohner leben von Landwirtschaft, Viehzucht, Spinnerei und dem Verkauf der Lama- und Alpakawolle.

Links:
Das Freilichtmuseum Oficina Humberstone 48 Kilometer östlich von Iquique zeugt von der großen Zeit der Salpeterförderung, die einst dem Land Reichtum brachte. Heute gleicht das Werksgelände einer Geisterstadt.

SCHATZ DER ATACAMA-WÜSTE –

Ich hatte mich mit Hilfe von Schwefel und Salpeter, die wir in der Apotheke bequem zur Hand hatten, zu einem vollständigen Pyrotechniker herangebildet, dabei von meiner Papp- und Kleisterkunst sehr wesentlich unterstützt", erinnert sich der Dichter und Apothekersohn Theodor Fontane (1819–1898) in „Meine Kinderjahre". Der Begriff „Salpeter" – von lateinisch: sal petri, „Steinsalz" – bezeichnet die Nitrate, die Salze der Salpetersäure.

Das wichtigste ist das Natriumnitrat oder Natronsalpeter. Es wird als Dünger, Konservierungsmittel, Pökelsalz und zur Herstellung von Sprengstoff gebraucht. Als Lebensmittelzusatzstoff trägt es heute die Kennnummer E 251. Die reichsten natürlichen Vorkommen gibt es in Chile – daher der Name „Chilesalpeter". Um 1820 entdeckte man sie im Norden des Landes in der Atacama-Wüste, der trockensten Wüste der Erde.

Um 1840 erkannte der Chemiker Justus von Liebig (1803–1873) die Bedeutung von Stickstoff als Pflanzennahrung, was zur Entwicklung von Kunstdünger auf der Basis von Guano (Dung von Seevögeln) und Salpeter führte. Der Bedarf an Salpeter stieg rasch. 1846 entstanden erste Düngerfabriken in Liverpool und Glasgow.

Seit dem Ende der spanischen Kolonialherrschaft zwischen 1810 und 1830 war die Zugehörigkeit der Atacama-Region zwischen Bolivien, Peru und Chile umstritten. Ab etwa 1860 wurden die Salpetervorkommen in der Atacama-Wüste ausgebeutet, während Peru mit dem Abbau von Guano große Teile seines Staatshaushalts finanzierte.

SALPETERKRIEG

Da Salpeter als Düngemittel dem Guano überlegen war, hatte Peru ab 1877 Schwierigkeiten, diesen abzusetzen. Schließlich kam es von 1879 bis 1884 zwischen Chile und den verbündeten Staaten Peru und Bolivien zum sogenannten „Salpeterkrieg", aus dem Chile siegreich hervorging.

Von 1883 bis 1914 hielt Chile das Weltmonopol für Natronsalpeter. Die reichen Vorkommen wurden von britischen, amerikanischen und deutschen Unternehmen abgebaut. Es war die Blütezeit der „Salpetersegler", der letzten großen Frachtsegelschiffe, während ein Großteil des weltweiten Seehandels bereits von Dampfern abgewickelt wurde.

Vor allem die traditionsreiche Hamburger Reederei Ferdinand Laeisz war für ihre schnellen und zuverlässigen Vier- und Fünfmaster bekannt, zum Beispiel die „Potosi", „Pamir", „Peking", „Passat", „Priwall" oder „Padua". Ihre Namen lassen das Herz des Windjammerfans höher schlagen. Sie beginnen seit 1876 traditionell mit einem P, da die Gattin des Reeders Carl Laeisz wegen ihrer Lockenfrisur den Spitznamen „Pudel" trug. Daher wurden sie „Flying-P-Liner" genannt.

Um von Europa nach Chile zu gelangen, mussten die Schiffe das gefürchtete Kap Hoorn von Ost nach West gegen die vorherrschenden Westwinde umrunden. Um 1890 lagen vor Iquique oft etwa hundert Schiffe gleichzeitig vor Anker, um Fracht aufzunehmen. 1913 machte Nitrat 71 Prozent der chilenischen Exporte aus, Kupfer als zweitwichtigstes Gut nur sieben Prozent.

Mit Beginn des Ersten Weltkriegs war das Deutsche Reich durch die britische Seeblockade von den Salpeterlieferungen aus Chile abgeschnitten. Doch die Chemiker Fritz Haber (1868–1934) und Carl Bosch (1874–

Ganz links: *Im Freilichtmuseum Oficina Humberstone. – 1889 gehörten die Humberstone-Werke zu den größten Salpeterwerken in Chile. Heute sind die Überreste dem Verfall ausgesetzt. Sie zählen zum UNESCO-Welterbe.*

1940) hatten ein Verfahren zur synthetischen Herstellung von Ammoniak entwickelt, das durch die BASF 1910 zum Patent angemeldet wurde. Beide erhielten später Nobelpreise für Chemie.

Seit dieser Erfindung ging der Abbau von Chilesalpeter und Guano drastisch zurück. 1929 brachte die Weltwirtschaftskrise binnen weniger Monate den Salpeterhandel weitgehend zum Erliegen. Kupfer verdrängte Salpeter als wichtigstes chilenisches Exportgut und blieb es bis heute.

Vier der legendären Salpetersegler existieren noch. Als Museumsschiffe können besichtigt werden: die „Pommern" in Mariehamn (Finnland), die „Peking" im South Street Seaport Museum in New York und die „Passat" in Travemünde. Die Viermastbark „Pamir" sank am 21. September 1957 südwestlich der Azoren in einem Orkan, wobei 80 der 86 Besatzungsmitglieder ums Leben kamen. Die als letzter großer Frachtsegler 1926 erbaute Viermastbark „Padua" ist als russisches Segelschulschiff „Krusenstern" noch immer auf den Weltmeeren unterwegs und in über 80 Jahren nicht ein einziges Mal in Seenot geraten.

Links:
Um 1914 waren in Nordchile rund 46 000 Arbeiter in 118 Salpeterwerken tätig. Ihnen zu Ehren wurde bei Iquique dieses Denkmal errichtet.

Oben:
In seiner Blütezeit lebten beim Salpeterwerk Oficina Salitrera Humberstone bis zu 3700 Menschen. Auch ein Theater (im Hintergrund) und ein Schwimmbad waren für sie vorhanden.

Rechts:
Historische Fotografien aus der Zeit des Salpeterbooms: Um 1900 in der Salpetermine Oficina Salitrera Jilgueros („Stieglitze") in Huantajaya (oben). Die Oficina Salitrera „Aurora", um 1910 (Mitte) und die Oficina Salitrera „Demócrata", 1918 (unten). Seit der Entdeckung des Haber-Bosch-Verfahrens 1910 ging die Nachfrage nach Chilesalpeter rasch zurück.

Linke Seite:
San Marcos, die Kathedrale an der Plaza Colón von Arica, ist eine neugotische Eisenkonstruktion von Gustave Eiffel in Paris. 1875 brachte man die vorgefertigten Teile von Frankreich nach Chile und setzte sie hier zusammen. Ebenfalls von Eiffel stammt das ehemalige Zollhaus (Aduana) der Stadt.

Springbrunnen an der Plaza Vicuña Mackenna vor dem Hügel El Morro de Arica (260 Meter), der von hier aus fast an einen schlafenden Elefanten erinnert. „Stadt des ewigen Frühlings" wird Arica genannt. Es regnet hier fast nie, doch Wasser aus den Anden ermöglicht grüne Parks und eine ausgedehnte Landwirtschaft.

Arica ist die nördlichste Stadt Chiles – nur 18 Kilometer von der Grenze zu Peru entfernt – und eine der ältesten Siedlungen des Landes. Schon lange vor Ankunft der Spanier lebten hier indianische Völker. Bis zum Salpeterkrieg gehörte der Ort zu Peru. Heute hat Arica rund 186 000 Einwohner. Volkstanzgruppe im Stadtzentrum.

Bilder links, von oben nach unten:
Westlich der Atacama-Wüste liegt Iquique zwischen Pazifik und Kordilleren, etwa 50 Meter über dem Meeresspiegel (oben). Der Tourismus spielt eine zunehmende Rolle, denn die langen Strände ziehen Badegäste an. Gepflegt präsentiert sich die kleine historische Stadtmitte: An der Plaza Arturo Prat befinden sich das Wahrzeichen von Iquique, der Uhrturm Torre del Reloj (Mitte), und das Opernhaus Teatro Municipal (unten).

Unten:
Iquique mit seinen 170 000 Einwohnern ist eine Stadt der Gegensätze: Im Zentrum glänzt der Wohlstand, in den Randgebieten leben die Menschen in Elendsvierteln.

Bilder rechts, von oben nach unten: *Sehenswert ist in Iquique neben der schlichten Kathedrale (oben) das Centro Español (Mitte), als Treffpunkt für Exil-Spanier 1904 im maurischen Stil erbaut; eine Augenweide. Es beherbergt ein teures Restaurant. – Das Museo Regional de la Araucanía (unten) vermittelt einen Überblick über die Natur- und Kulturgeschichte der Region. Zu bestaunen sind Mumien, der Nachbau eines Aymara-Dorfs und Exponate, die den harten Alltag der Salpeterarbeiter veranschaulichen.*

Linke Seite oben:
Küste südlich von Iquique. Chile besitzt über 4300 Kilometer Küste und überall sieht sie ein wenig anders aus. Doch egal, wo man ist, der Pazifische Ozean beeindruckt immer.

Ganz links:
Die Kirche San Francisco im Dorf Chiu Chiu, 33 Kilometer von Calama in der Atacama-Wüste gelegen, ist ein Nationaldenkmal. Sie wurde 1675 aus Lehmziegeln und Kakteenholz erbaut.

Links:
Karottenernte in Chiu Chiu. Was Chile an Gemüse, Obst und Wein erzeugt, geht zu 90% in den Export nach Nordamerika und Europa. Trotzdem ist das Land nicht völlig autark und muss einige Agrarprodukte importieren.

Links:
Schafherde in der Atacama-Wüste. In Chile leben rund 4 Millionen Schafe, das macht statistisch 250 Stück pro 1000 Einwohner. Vor allem im rauen Klima Patagoniens wächst die Wolle dicht und fein.

Linke Seite unten:
Trostlose Wirklichkeit abseits der Touristenrouten. Im ärmlichen Fischerdorf Caleta Urco nördlich von Tocopilla geht es ums Überleben, nicht um Eleganz.

Nordöstlich von San Pedro de Atacama liegt das Indianerdörfchen Machuca. Am Hang oberhalb der Lehmziegel- und Wellblechhütten steht die kleine Kirche mit ihrem säuberlich ummauerten Hof; links der Glockenturm.

Rechts:
Ein Ehepaar in Machuca. Die durchschnittliche Lebenserwartung chilenischer Männer liegt derzeit bei 73,09 Jahren, die der Frauen bei 79,82 Jahren.

Ganz rechts oben:
Vicuñas in den Bergen nördlich von San Pedro de Atacama. Das Vicuña gehört zur Familie der Lamas. Sein Fell ist wesentlich feiner als das verwandter Arten und so dicht, dass es wie eine Isolierschicht gegen die Kälte wirkt. So kann das Tier noch im Hochland der Anden in Höhen zwischen 3500 und 5500 Meter leben.

Ganz rechts unten:
Selbst das Bekannte sieht man auf Reisen anders: Eine Ziege bei Machuca.

Oben:
Eine Flussoase in der Atacama-Wüste. Es gibt Bilder, die sich dem Reisenden einprägen … – „Eine Reise beginnt nicht in dem Augenblick, da wir uns auf den Weg machen, und endet nicht, wenn wir ans Ziel gelangt sind. In Wahrheit beginnt sie viel früher, und sie ist faktisch nie zu Ende, weil sich das Band unserer Erinnerungen in unserem Innern weiterdreht, auch wenn wir längst angekommen sind.“ (Ryszard Kapuściński)

Links:
Beinahe wie in Island, so dampft und blubbert es aus der Erde im Gebiet der Geysire des Vulkans El Tatio, rund 100 Kilometer nördlich von San Pedro de Atacama.

Rechts:
Oase in der Wüste: Der Ort San Pedro de Atacama kann nur überleben, weil der Río San Pedro aus den Anden Wasser mitbringt; kurz hinter der Siedlung versickert er. Die Kleinstadt besitzt eine Kirche, Restaurants und viele Läden für Besucher.

Unten:
Rund 5000 Menschen wohnen in San Pedro mitten in der Atacama-Wüste; dazu gesellen sich alljährlich viele Tausend Besucher, die den spröden Charme der Wüste lieben.

Oben:
Das Valle de la Luna, ein Teil der Atacama-Wüste, erinnert wirklich an eine Mondlandschaft. „Das Tal des Mondes ist eine Nahtstelle zum Universum. Ein ganz besonderer Platz, an dem sich die Energie der Erde mit dem Kosmos vereint.“ (Gerd Gieseler)

Links:
Bei San Pedro de Atacama befinden sich die Ruinen der Pukara de Quitor. Sie stammen aus dem 12. Jahrhundert. Die letzten Inkas wurden hier 1540 von den Spaniern vertrieben. „Pukara“ stammt aus der Quechua-Sprache und bedeutet „Festung“.

Oben:
3000 Quadratkilometer groß ist der Salzsee Salar de Atacama. Das mineralhaltige Wasser aus dem Río San Pedro und unterirdische Zuflüsse verdunsten in der abflusslosen Senke. So bildet sich eine Salzkruste.

Rechts:
Im Wüstendorf Peine am Salar de Atacama werden Salze und Metalle aus dem See gewonnen. Er enthält etwa 40 Prozent der weltweiten Lithium-Reserven. Der Ort lohnt einen Abstecher wegen seiner Inka-Ruinen und Felszeichnungen.

Seite 48/49:
Bedrohlich, erdrückend, ermüdend – und doch faszinierend: die Atacama-Wüste bei der Laguna Miscanti südöstlich von San Pedro de Atacama.

Links:
Als hätte man sie eigens für den Fotografen im Altiplano postiert: Vicuñas an der Laguna Miscanti vor dem 5640 Meter hohen gleichnamigen Vulkan.

Unten:
Esel am Ufer des Salzsees Salar de Tara östlich von San Pedro de Atacama in rund 4500 Meter Höhe. Er gehört zum Nationalpark Los Flamencos.

Rechts:
Die wohlhabende Industrie- und Universitätsstadt Antofagasta wurde 1870 als Standort für den Salpeterabbau gegründet und ist ein Zentrum des Bergbaus. Der Uhrturm an der Plaza Colón erinnert an Big Ben in London.

Ganz rechts:
Im Fischereihafen von Antofagasta. Die Stadt ist ein beliebter Ausgangspunkt für Schiffsreisen. Sie besitzt auch zwei Strände, deren Wasser aber durch den Humboldtstrom eher kalt ist.

Unten:
An der Plaza Colón. Aus Antofagasta stammt der Schriftsteller Antonio Skármeta.

Oben:
Skyline und Strand von Antofagasta. Der Name der Stadt stammt aus der Quechua-Sprache und bedeutet etwa: „Dorf am großen Salzsee“. Aus dem Dorf am Pazifik ist mittlerweile eine Großstadt mit über 300 000 Einwohnern geworden.

Links:
Seit 1992 ragt an der Panamericana, 70 Kilometer südlich von Antofagasta, die 11 Meter hohe Eisen- und Zementskulptur „Mano del Desierto“ von Mario Irarrázabal aus dem Sand der Atacama-Wüste. Die „Wüstenhand“ soll gemahnen, mit der Umweltzerstörung aufzuhören, ehe die Erde gänzlich zu einer Wüste wird.

Rechts:

Diese Miniaturkirche aus Holz ist eine Gedenkstätte für Verkehrstote an der Carretera Panamericana bei Copiapó.

Unten:

Von Alaska bis Feuerland reicht die Carretera Panamericana – ein System von Schnellstraßen, das in Nord-Süd-Richtung eine Distanz von fast 26 000 Kilometer überwindet. Hier ein Streckenabschnitt südlich von Taltal in der Region Antofagasta.

Oben:
Kakteen im Nationalpark Pan de Azúcar, deutsch: „Zuckerbrot", 180 Kilometer nördlich von Copiapó. Über 20 verschiedene Kakteenarten kommen hier vor. Manche Exemplare können bis zu 200 Jahre alt werden.

Links:
Fischer aus der kleinen Siedlung Caleta Pan de Azúcar am Rande des Nationalparks. Besucher, die Einblicke in den harten Alltag „kleiner Leute" gewinnen wollen, können als Passagiere mit ausfahren.

Rechts:
In dieser Mine bei Huasco wird Kupfer abgebaut, doch im Tal des Huasco-Flusses werden große Goldvorkommen vermutet. Derzeit streiten sich Vertreter von Wirtschafts- und Umweltinteressen, ob eine Goldmine eröffnet werden soll.

Ganz rechts:
Leuchtturm an der Pazifikküste bei Huasco westlich von Vallenar.

Unten:
Stillleben mit Fischerbooten im Hafen von Huasco.

Oben:
In der Caleta („kleine Bucht") vor dem Fischerdörfchen Caleta Chañaral nördlich von La Serena. Die außergewöhnliche Tierwelt dieser Küstenregion lässt sich am besten vom Boot aus beobachten.

Bilder links:
Die kleinen Inseln vor Caleta Chañaral und der Punta Choros stehen unter Naturschutz. Hier leben Seelöwen (leones marinos) und Delphine (delfines). Möwen sind ohnehin ständige Bewohner der Küste, und auch der gesellige Braunpelikan ist nicht weit. Die Inseln sind nationales Schutzgebiet des Humboldt-Pinguins (pingüino de Humboldt); der Gesamtbestand dieser seltenen Vögel beträgt nur noch wenige tausend Tiere.

NEKTAR DER GÖTTER –

Schon die spanischen Eroberer brachten um 1550 den Weinbau nach Südamerika. Damit ist der Weinbau in Chile 200 Jahre älter als der in Kalifornien. Die ersten Weinberge befanden sich in der Nähe religiöser Zentren, wo man Wein für die Messfeiern benötigte.

Immer wieder wurden die Weinberge von Indianern zerstört. Dennoch soll Sir Francis Drake, Pirat im Dienste der englischen Königin, im Jahr 1578 bei einer Schiffskaperung gleich 1770 Schläuche chilenischen Wein erbeutet haben, der nach Peru geliefert werden sollte. Philipp III., König von Spanien von 1598 bis 1621, wollte seine einheimischen Winzer vor ausländischen Importen schützen und erließ Pflanzverbote in den Kolonien.

Doch bereits in der Mitte des 19. Jahrhunderts gab es 20 Millionen Rebstöcke in Chile. Französische Winzer wanderten ein und brachten ihre Anbaumethoden und Rebsorten mit, wie zum Beispiel den Cabernet Sauvignon. Zu Anfang pflanzte man in Chile die rote Pais-Traube an, auf die auch heute noch über ein Viertel der Rebfläche entfällt. Bald wurden rund 70 internationale Rebsorten angebaut. Zwischen 1850 und 1890 wurden Weingüter gegründet, die man heute noch kennt: Carmen, Concha y Toro, Errazuriz, Santa Carolina, Cousino Macul, Santa Rita, Tarapacá, San Pedro.

Links:
Ein Wein, der weltweit Anerkennung findet: Der „Casillero del Diablo“ aus dem Weingut Concha y Toro. Der dunkle und trockene Rotwein mit 13,5 Prozent Alkohol wird zu 90 Prozent aus Carmenère-Trauben und zu 10 Prozent aus Cabernet gekeltert.

Links oben:
Die meisten chilenischen Weingüter können besichtigt werden – Weinprobe inbegriffen. Hier ein Blick in den Keller des Weinguts „Casa Silva“ bei San Fernando im Valle de Colchagua.

Oben:
Das Valle de Colchagua bei Santa Cruz gilt als das beste Weinbaugebiet des Landes. 70 Prozent aller international preisgekrönten chilenischen Weine stammen von hier.

CHILENISCHER WEIN

Bilder rechts:
Bisher ist Chile von der Reblaus verschont geblieben, sodass die Reben nicht veredelt werden müssen. Auch der Falsche Mehltau, eine Pilzkrankheit, kommt nicht vor. So werden weniger Pflanzenschutzmittel benötigt.

Ab 1865 befiel die aus Nordamerika eingeschleppte Reblaus sämtliche europäischen Weinbaugebiete und vernichtete allein in Frankreich 2,5 Millionen Hektar Rebfläche. Infolge der „Reblauskatastrophe“ gewannen die außereuropäischen Weinlagen an Bedeutung. In den dreißiger Jahren des 20. Jahrhunderts besaß Chile circa 100 000 Hektar Weinanbaufläche.

Chile bietet ideale Voraussetzungen für den Weinbau. Zunächst ein Klima mit Sonnenschein an bis zu 300 Tagen im Jahr, dazu eine kühle Brise vom Pazifik und nachts abfallende Temperaturen. Dies ermöglicht eine langsame Reifung der Trauben und bewirkt die Finesse der Aromen. Nötig sind außerdem mineralhaltige Böden vulkanischen Ursprungs und – was sich auf die Produktionskosten auswirkt – niedrige Löhne der Arbeiter. Vor allem aber gibt es kaum Schädlinge an den Pflanzen. Chile ist weltweit das einzige Land mit ungepfropften Reben. Es ist in der glücklichen Lage, dass die Reblaus hier bis heute unbekannt ist und daher keine Veredelung notwendig war. Auch der Falsche Mehltau kommt in Chile nicht vor, und der Echte Mehltau tritt nur selten auf.

MAGISCH TIEFE KOLORIERUNG

Zwischen dem 30. und 38. Breitengrad liegen die vier Weinbau-Regionen Chiles, in denen heute über 110 000 Hektar Land für den Weinbau genutzt werden: Coquimbo, Aconcagua, Valle Central (in dem das hervorragende Valle del Maipo liegt) und Valle Sur. Das Zentrum des chilenischen Weinbaus liegt ungefähr zwischen dem 32. und 36. Breitengrad; dazu gibt es rund 10 000 Hektar Rebfläche in der zentralen nördlichen Zone bis zum 28. Breitengrad, wo nahezu ausschließlich Moscatel angebaut wird beziehungsweise Likörweine erzeugt werden, und 8000 Hektar in der Zone südlich von Concepción bis etwa auf die Höhe des 38. Breitengrads.

In den 13 Anbaugebieten der vier Regionen gedeihen bekannte Weinsorten wie der Pais (rot, Anteil circa 28 Prozent), Cabernet Sauvignon (rot, circa 23 Prozent), Sauvignon Vert (weiß, circa 11 Prozent), Moscatel (weiß, circa 10 Prozent), Chardonnay (weiß, circa 8 Prozent), aber auch die ursprünglich aus dem Bordeaux stammende chilenische Spezialität Carmenere (rot), Raritäten wie Syrah oder Pinot noir, oder der Riesling. In großen Mengen werden einfachere Sorten erzeugt für die Weiterverarbeitung zum chilenischen Nationalschnaps, dem Traubenbrand Pisco.

Kenner sagen, die Qualitätsspitze des chilenischen Weins sei noch nicht erreicht, doch loben sie bereits jetzt seine „magisch tiefe Kolorierung“, die „unglaubliche Dichte“ oder seinen „weichen und gefällig langen Abgang“. Chile gehört zu den sechs bedeutendsten weinproduzierenden Ländern der Welt und nimmt in Südamerika bereits die Spitzenposition ein.

So preist die chilenische Schriftstellerin Isabel Allende den Wein: „Nektar der Götter, Trost der Sterblichen – der Wein ist ein wunderbares Getränk, das die Macht hat, die Sorgen zu verscheuchen und uns, und sei es auch nur für Augenblicke, einen Blick ins Paradies zu schenken.“

Links oben:
Prachtvolle Trauben in Monte Grande im Valle de Elquí. Das Tal des Río Elquí ist eines der größten chilenischen Weinbaugebiete. Von hier kommt auch der Weinbrand „Pisco", das chilenische Nationalgetränk.

Links Mitte:
Für manche Weinsorten werden die Trauben vor der Verarbeitung zum

Trocknen ausgelegt. Dadurch werden der Zuckergehalt und das Aroma gesteigert.

Links unten. *Die Weinlese ist immer noch anstrengende Handarbeit. Dafür werden auch in Chile zahlreiche Erntehelfer gebraucht, wie hier in Rivadavia östlich von La Serena.*

Unten: *Das Valle de Elquí liegt am Rand der Atacama-Wüste. In dieser fruchtbaren Gegend gedeihen neben Wein auch Papayas, Zitrusfrüchte und Avocados. Schon die Inkas wussten um das besondere Klima dieser Gegend.*

Oben:
Am Strand von La Serena („Die Heitere") steht das Wahrzeichen der Stadt, der „Faro Monumental". Das skurrile Denkmal mit der sandburgenähnlichen Umfriedung samt Erkertürmchen stammt aus den fünfziger Jahren des 20. Jahrhunderts und bildet den krönenden Abschluss am Endpunkt zweier Boulevards.

Rechts:
„Die heitere" Stadt, La Serena, zählt rund 155 000 Einwohner und ist Chiles zweitälteste. Die Spanier gründeten sie 1543 als Seehafen zur Verbindung zwischen Santiago de Chile und Lima in Peru. Im Bild das Rathaus.

Links:
Dorfstraße in Pisco Elquí. Das Fremdenverkehrsamt des Ortes verspricht: „… die klarsten Nächte des Planeten, Nächte erhellt von Milliarden von Sternen, und tagsüber einen postkartenblauen Himmel. Ein paradiesisches Klima und warmherzige, freundliche Menschen …“

Unten:
Monte Grande, ein 50-Seelen-Ort im Valle de Elquí, war für den chilenischen Biologen, Neurologen und Philosophen Francisco Varela (1946-2001) die spirituelle Heimat. Der Schweizer Dokumentarfilm „Monte Grande – Was ist Leben?“ porträtiert ihn.

METROPOLEN IN MEDITERRANEM KLIMA –

Panoramablick auf Santiago, Hauptstadt und Herz Chiles. So schön liegt die Stadt demjenigen zu Füßen, der den Cerro San Cristóbal erklimmt, einen 880 Meter hohen Hügel – ein beliebtes Ausflugsziel, das auch mit einer kleinen Seilbahn zu erreichen ist.

Mittelchile ist eine fruchtbare, dicht besiedelte Region mit mediterranem Klima. In dieser Kornkammer wird die Hälfte aller landwirtschaftlichen Produkte Chiles erzeugt. Die Metropole Santiago mit ihren rund sechs Millionen Einwohnern ist allemal sehenswert, doch auch anstrengend, mit ihrer Hektik und der schlechten Luft.

120 Kilometer von Santiago entfernt liegen die beiden Küstenstädte Valparaíso und Viña del Mar. In Valparaíso hat das Parlament des Landes, der chilenische Nationalkongress, seinen Sitz. Der historische Stadtkern mit Architektur aus der Kolonialzeit, mit seinen Schrägaufzügen und den bunten Häusern, die der Schwerkraft zu trotzen scheinen, wurde von der UNESCO 2003 zum Weltkulturerbe erklärt.

Der Schriftsteller Ror Wolf erinnert sich: „Ein Ereignis, das mir unvergesslich geblieben ist und das ich irgendwann einmal notieren werde, war der Untergang der Sonne in Valparaíso. In Valparaíso ging die Sonne mit einer solchen Geschwindigkeit unter, mit einer solchen Wucht, dass ich aus dem Lokal hinausstürzte und in der Ferne verschwand."

Das mondäne Viña del Mar, 10 Kilometer nördlich von Valparaíso, ist ein beliebtes Touristenziel. – Die Stadt Concepción, etwa 500 Kilometer südwestlich von Santiago am Río Bío Bío gelegen, wurde, wie viele Städte in diesem Gebiet, mehrmals von Erdbeben zerstört. Sie ist ein bedeutender Industriestandort und leidet unter starker Umweltverschmutzung. – An der Carretera Panamericana liegt das beschauliche Chillán. Bei einem Erdbeben in der Nacht vom 24. auf den 25. Januar 1939 starb über die Hälfte der 41 000 Einwohner. 50 Kilometer östlich davon befindet sich das beliebte Wintersportgebiet Termas de Chillán mit Thermalbädern und Schiliften; Saison ist von Ende Juni bis Anfang Oktober.

CHILES GOLDENE MITTE

Rechts:
Denkmal für Salvador Allende (1908-1973), chilenischer Präsident von 1970 bis 1973. Allende war weltweit das erste kommunistische Staatsoberhaupt, das demokratisch gewählt wurde.

Ganz rechts:
Auf dem Hügel Cerro San Cristóbal über Santiago breitet die 22 Meter hohe Marienstatue die Hände aus, die Virgen de la Immaculada Concepción („Jungfrau von der Unbefleckten Empfängnis“).

Unten:
Die ehemalige Münzprägeanstalt La Moneda beherbergt den Sitz der chilenischen Präsidenten. Seit 2006 regiert hier Michelle Bachelet, die erste Frau in diesem Amt.

Oben:
Der Mercado Central, eine aus England importierte Eisenkonstruktion aus dem Jahr 1872. Innen lässt sich bei frischem Fisch und Meeresfrüchten das bunte Treiben in dieser stilvollen Markthalle beobachten.

Links:
*Skulptur von Fernando Botero (*1932) vor dem Palast der Schönen Künste. Die Kunstszene in Chile verkümmerte während der Militärdiktatur, erholt sich aber mittlerweile und erwacht zu neuem Leben.*

Rechts:
Souvenirhändler an der Plaza de Armas bei der sehenswerten Kathedrale. Santiago besitzt nur wenige historische Bauten, da die Stadt regelmäßig von Erdbeben heimgesucht wurde.

Ganz rechts:
Ein interessantes Industriedenkmal: Im Südosten der Plaza de Armas steht die 1893 erbaute blaue Eisenkonstruktion des Kaufhauses Edificio Comercial Edwards.

Rechts:
Die chilenische Gesellschaft wird in für Mitteleuropäer kaum vorstellbarem Maß durch Fragen des sozialen Status regiert. Geburt, Ausbildung, Berufsalltag, Freizeit- und Konsumverhalten, ja selbst Krankheit und Tod laufen weitestgehend sozial getrennt ab. Autoputzer an der Plaza de Armas.

Ganz rechts:
Ein Schuhputzer im Stadtzentrum. – „Die Bewohner von Santiago lieben es, über das Leben in Santiago zu klagen.“ (Guillermo Cifuentes)

Sie spielen für die Touristen: Eine Volkstanzgruppe vor der Kathedrale von Santiago. 1747 begann man mit dem Bau der dreischiffigen Basilika. Die Vorgängerbauten dieser Kirche wurden durch Erdbeben zerstört.

Ein indisches Sprichwort sagt: „Das Schachspiel ist ein See, in welchem eine Mücke baden und ein Elefant ertrinken kann." – Schachspieler bei Nacht auf der Plaza de Armas.

CORREO CENTRAL
La igualdad

Linke Seite oben:
Eine Metropole wie Santiago schläft nicht. Auch des Nachts herrscht buntes Leben und Treiben auf der Plaza de Armas, dem Hauptplatz im Herzen der Stadt.

Ein Kunstwerk im Mercado Central. – Die Einzelteile der aus Eisen konstruierten Markthalle wurden in England hergestellt, nach Chile transportiert und vor Ort zusammengebaut.

Fischgeschäft im Mercado Central. Der chilenische Fisch wird in den kalten Gewässern des Humboldtstroms an der Westküste Südamerikas gefangen und durch die kurzen Wege zu den Märkten ist seine Qualität kaum zu übertreffen. Die Restaurants im Mercado Central servieren ihn in vielerlei Zubereitungen.

Linke Seite unten:
„Schach ist das schnellste Spiel der Welt, weil man in jeder Sekunde Tausende von Gedanken ordnen muss." (Albert Einstein) – Trotz der fortgeschrittenen Stunde scheinen die Spieler auf der Plaza de Armas nicht müde zu werden.

„Huelén“ – ein Wort aus der Sprache des Picunche-Volkes – bedeutet etwa „Schmerz“ oder „Schwermut“. So hieß in der Sprache der Ureinwohner ein Hügel, den die spanischen Eroberer als Aussichtsplattform nutzten, und später umbenannten in „Cerro Santa Lucía“. Er wurde zur Keimzelle der Hauptstadt Santiago. Seit dem 19. Jahrhundert wird der Ort als Stadtpark genutzt, als grüne Lunge und Oase der Ruhe inmitten der Hektik der Millionenstadt.

„La Chascona" („Wuschelkopf") heißt das Haus Pablo Nerudas im Stadtteil Bellavista am Fuße des Cerro San Cristóbal. Er kaufte das Gebäude für seine Geliebte und spätere dritte Ehefrau Matilde Urrutia und ließ es nach seinen Plänen umbauen: Manche Räume erinnern an Schiffskabinen, das Wohnzimmer an einen Leuchtturm. Der Dichter sammelte Kunst und Nippes, doch vieles zerstörten die Schergen Pinochets nach Nerudas Tod 1973. Heute ist das Haus ein Museum.

DER SCHRIFTSTELLER PABLO NERUDA

„Mein Leben ist ein Leben aus allen Leben: den Leben des Dichters", schrieb Pablo Neruda am Anfang seiner Memoiren. Der weltberühmte Schriftsteller galt als die Stimme Südamerikas, vor allem aber seines Heimatlandes Chile. Er vermochte sowohl die Intellektuellen zu begeistern als auch den Unterdrückten aus dem Herzen zu sprechen: „Ich möchte Erde, Feuer, Brot, Mehl, Zucker, Meer, Bücher, Heimat für alle."

In Parral, einem Dorf im Süden Chiles, kam Neruda 1904 in ärmlichen Verhältnissen als Sohn eines Lokführers und einer Volksschullehrerin zur Welt. Er hieß damals Ricardo Eliezer Neftali Reyes Basoalto. Später gab er sich aus Verehrung für den tschechischen Dichter Jan Neruda das Pseudonym Pablo Neruda. Schon als Jugendlicher verfasste er Lyrik, und bereits in seiner 1924 veröffentlichten Sammlung „Zwanzig Liebesgedichte und ein Lied der Verzweiflung" offenbarte sich sein Genie.

Neruda wurde schnell bekannt, doch auch damals reichten Popularität und Honorare für Gedichte nicht zum Leben. Erst die Bestellung in den diplomatischen Dienst seiner Regierung brachte ihm die Existenzsicherung. Neruda vertrat Chile unter anderem im Fernen Osten, in Mexiko und Madrid. Spuren seiner Eindrücke und Erfahrungen finden sich überall in seinen Texten.

Nerudas politisches Engagement ließ ihn 1936, als in Spanien der Bürgerkrieg begann, für die kommunistische Idee Partei ergreifen. 1945 wurde er als kommunistischer Senator mit großer Mehrheit ins chilenische Parlament gewählt. Als Präsident Gabriel González Videla mit den Kommunisten brach, hob das Parlament Nerudas parlamentarische Immunität auf. Der Dichter musste fliehen und untertauchen; er gelangte nach Argentinien und von da nach Europa. Durch Vermittlung von Pablo Picasso erhielt er einen französischen Pass.

Links:
Neruda besaß mehrere Wohnsitze in Chile: ein Haus in Isla Negra, das Haus „La Sebastiana" in Valparaíso und (im Bild) sein Heim „La Chascona" im Stadtteil Bella Vista von Santiago.

Ganz links:
1974 ehrte die DDR den Sozialisten Pablo Neruda mit einer Briefmarke und zitierte ihn darauf: „Ich läute dem sieghaften Volk den Sturm".

Rechts:
Ist die Wohnung eines Menschen das Abbild seiner Seele? Nerudas lyrisches Werk ist eine einzige Hymne an das Leben – engagiert, politisch, glühend-romantisch und sehr melancholisch.

Ganz rechts:
„Nun lasse man mich allein. Nun mag man sich an mein Fernsein gewöhnen." – Der Poet fand die gewünschte Muße in seinen eigenwillig eingerichteten Wohnungen.

DER GROSSE GESANG

1952, nach der Abwahl von Videla, kehrte Neruda nach Chile zurück und veröffentlichte im Jahr darauf sein Hauptwerk, den „Canto General" („Der Große Gesang"), der bereits 1950 in Mexiko erschienen war. An diesem Gedichtzyklus mit über 15 000 Zeilen hatte er seit 1938 geschrieben. In 231 Gedichten widmete er sich der Entstehung des südamerikanischen Kontinents, seiner leidvollen Geschichte, seinem Kampf gegen den Kolonialismus. Er tat das, wie der Publizist Günther Wessel es ausdrückt, in einer „überbordenden, gefühlsbeladenen und auf der Grenze zum Kitsch balancierenden Sprache":

„Erde Amerikas, erhabene / Pflanzung, rote Kordillere, / Söhne, Brüder, verstreut durch / Die einstigen Stürme, / Lasst uns das ganze lebendige Korn zusammenführen, / bevor es zurückkehrt zur Erde, / auf dass der neue Mais, der hervorsprießt, / deinen Worten lausche / und sie wiederhole und sie wieder dasein werden."

Der populäre Dichter sollte 1969 Präsidentschaftskandidat der Kommunistischen Partei Chiles werden, verzichtete jedoch zugunsten seines Freundes Salvador Allende. 1971 erhielt Neruda, schon schwer krank, den Literaturnobelpreis. Am 11. September 1973 putschte das chilenische Militär unter General Augusto Pinochet gegen Allende und ließ ihn in seinem Amtssitz bombardieren. Allende nahm sich am selben Tag das Leben; Neruda erlag 12 Tage später seinem Krebsleiden.

Pinochet ordnete heuchlerisch eine dreitägige Staatstrauer für Neruda an. Nerudas Begräbnis am 25. September wurde zur öffentlichen Demonstration gegen die Junta. Unterdessen plünderten und verwüsteten Militärs die Häuser des Dichters in Valparaíso, Isla Negra und Santiago.

Heute sind Nerudas ehemalige Wohnhäuser wieder hergestellt und öffentliche Museen. Sie veranschaulichen die Lebensweise des Dichters, seine Ehen, seine Sammelleidenschaft, etwa von Schnecken, Muscheln, Gläsern, Flaschen und Galionsfiguren. In Isla Negra kann der Besucher einen Schreibtisch bewundern, der aus einem groben Brett besteht. Neruda hatte es einst beim Blick aus dem Fenster entdeckt; es war an den Strand des Pazifiks gespült worden.

Pablo Neruda gilt heute als einer der größten spanischsprachigen Dichter des 20. Jahrhunderts und fasziniert nach wie vor als außergewöhnlicher Mensch, Politiker und Humanist. Seine Memoiren tragen den bezeichnenden Titel: „Ich bekenne, ich habe gelebt."

Rechts:
Nerudas Memoiren, wenige Tage vor seinem Tod beendet, sind mit seinem Lebensmotto betitelt: „Ich bekenne, ich habe gelebt".

Ganz rechts:
Einen „Dichter der verletzten Menschenwürde" nannte ihn die Stockholmer Akademie, als er 1971 den Nobelpreis für Literatur erhielt.

CAFE-RESTAURANT

Linke Seite:
Eines gewissen Wagemutes bedarf es schon, um sich von dieser historischen Standseilbahn in die Oberstadt von Valparaíso bringen zu lassen. Das historische Zentrum der Stadt wurde 2003 von der UNESCO zum Weltkulturerbe erklärt.

Links:
Valparaíso – „Paradiestal“ – ist eine malerische Hafenstadt mit rund 280 000 Einwohnern. Die Stadt ist Sitz des chilenischen Kongresses. An der Plaza Sotomayor befindet sich das Hauptquartier der Marine.

Ganz links:
Ein Braunpelikan ruht sich am Hafen von Valparaíso aus. Die meisten Pelikanarten bevorzugen Süßwasser. Der Braunpelikan ist die einzige Art, die ganzjährig und ausschließlich am Meer lebt.

Links:
Fein zubereitet wird dieser Tintenfisch zur Delikatesse. Am Ufer in Valparaíso kommt der Fisch ohne Umwege vom Fangboot auf die Ladentheke.

HAMBURG SUD

SOCIBER
EVERGREEN
CCNI
HAMBURG SÜD

Seite 76/77:
„Die chilenische Hafenstadt Valparaíso ist ein kubistisches Kunstwerk. Valparaíso: Schon der Name besitzt einen magischen Klang. Für Chile ist die Stadt das Tor zum Pazifik, das Tor zur Welt." (Volker Mehnert) – Abendstimmung am Hafen.

Unterwegs im Valle Central (Zentraltal). In Mittel- und Südchile verlaufen zwei Gebirgszüge parallel zueinander von Norden nach Süden: Zwischen den Anden im Osten und der niedrigeren Küstenkordillere im Westen liegt das Valle Central.

Das grüne und fruchtbare Valle Central ist geprägt von der Landwirtschaft. Hier wird vor allem Ackerbau betrieben und Wein angebaut. Und auch im hochtechnisierten Chile hat das Pferdefuhrwerk noch seinen Platz.

Oben:
Im Colchagua-Tal bei Santa Cruz haben einige der renommiertesten Weingüter Chiles ihren Sitz. In ihren Kellern reifen die edelsten Tropfen heran.

Links:
Die typisch chilenische Rotweinsorte Syrah (auch: Shiraz) ist kostbar. Die Trauben werden schonend von Hand gelesen und dann vorsichtig verarbeitet. Ursprünglich stammt die Edelrebe aus Südfrankreich.

Linke Seite oben:
150 Kilometer südwestlich von Santiago befindet sich im Colchagua-Tal das Weingut Bisquertt, Viña „Las Garzas“ (benannt nach einer Reiherart). Das Familienunternehmen wurde im Jahr 1965 von Don Osvaldo Bisquertt gegründet und liegt an der „Ruta del Vino“, der chilenischen Weinstraße.

Diese Trauben gedeihen im günstigen Klima des Rapel-Tals – der besten Region Chiles für Rotweine, wie Kenner behaupten. Im Weingut Casa Lapostolle werden die Trauben handverlesen und die Weine in französischen Barriques ausgebaut.

Im Weingut Lapostolle kann sich der interessierte Weinfreund aus nächster Nähe davon überzeugen, wie der Wein unter Anleitung fachkundiger Winzer hergestellt wird.

Linke Seite unten:
Der Keller des Weinguts Montes im Colchagua-Tal. Es wurde 1988 gegründet, besitzt cirka 220 Hektar Weinberge und zählt zu den besten Weinerzeugern Chiles. Pro Jahr werden etwa 300 000 Kisten Wein in alle Welt geliefert. Hier der Fasskeller.

Oben:
Das Maipo-Tal, 100 Kilometer südlich von Santiago, ist das beste Anbaugebiet Chiles. In Pirque besteht seit 1883 das Weingut Viña Concha y Toro. Hier wachsen unter anderem die Trauben für den weltbekannten „Teufelswein“ Casillero del Diablo.

Rechts:
Strandpromenade in Pichilemu. Die Stadt, direkt an der Pazifikküste gelegen, zählt nur 12 000 Einwohner, doch kommen viele Besucher hier her, gilt der Ort doch als Surfparadies Südamerikas.

Links:
Landschaft östlich von Pichilemu. Der Name der Ortschaft stammt aus der Sprache der Mapuche-Ureinwohner, dem Mapudungun, und bedeutet „Kleiner Wald".

Unten:
„Reisen! Es ist wohl die schönste und unschuldigste aller Leidenschaften, die Reiselust", meinte 1851 der österreichische Journalist und Schriftsteller Moritz Hartmann (1821-1872). Brackwasser an der Küste bei Pichilemu.

Oben:
An den Stränden von Pichilemu finden alljährlich internationale und nationale Surfwettbewerbe statt. Die Wellen des Pazifik sind hier durchschnittlich zwischen 2 und 2,5 Meter hoch.

Rechts:
Bunte Boote am Strand von Pichilemu – wer möchte da nicht ausfahren? Pablo Neruda bekannte: „Ich bedarf des Meeres, es ist mein Lehrer.“

Rechte Seite:
Hoch zu Ross am Pazifikstrand. Chile, das lang gestreckte und schmale Land am anderen Ende der Welt, bietet wie sonst kaum ein Reiseziel in Südamerika abwechslungsreiche Natur und kulturelle Vielfalt.

DICHTE WÄLDER, FJORDE, GLETSCHER UND GEBIRGSZÜGE –

Blick über den Lago Pehoé zum Torres-Massiv im Nationalpark Torres del Paine („Türme von Paine"). Wer sich Patagonien annähern möchte, kommt um Bruce Chatwin (1940-1989) kaum herum. Nachdem er sich von seiner Tätigkeit als Journalist und Reporter verabschiedet hatte, reiste er nach Chile und begann eine Karriere als Schriftsteller. Schon sein erstes Buch „In Patagonien" wurde ein Bestseller.

Seen, Wälder und nebelverhangene Berge, so präsentiert sich der tiefe Süden", schreibt der Reiseschriftsteller Carl D. Goerdeler. „Der extreme Süden ist wild und schön, aber auch so menschenleer wie Nordnorwegen oder Lappland." – Wer hier unterwegs ist, befindet sich eben fast am Ende der Welt; südlicher liegt kein anderes Stück bewohnte Erde.

Lange Zeit war der Süden Chiles nur per Flugzeug oder Schiff zu erreichen. Die Carretera Panamericana führt über Argentinien nach Feuerland; sie verläuft nicht durch diese unwegsame Gegend Patagoniens, wo dichte Wälder, Fjorde, Gletscher und Gebirgszüge den Weg versperren. So wurde ab 1976, initiiert durch Pinochet, die Straße „Carretera Austral" gebaut. Sie reicht mittlerweile rund 1350 Kilometer weit von Puerto Montt bis zum 400-Seelen-Ort Villa O'Higgins.

Puerto Montt verfügt über einen hübschen Hafen, von dem aus viele Kreuzfahrten starten. Ein Denkmal aus Bronze erinnert an die deutschen Einwanderer des 19. Jahrhunderts (Monumento a la Colonización Alemana).

Die zweitgrößte Insel Chiles ist die Isla Grande de Chiloé, 190 Kilometer lang und 50 Kilometer breit. Besonders beeindruckend sind die typischen Holzkirchen, von denen manche zum UNESCO-Welterbe zählen.

Als letzte Stadt des Erdteils weist Punta Arenas an der Magellanstraße alle Vorzüge urbanen Lebens auf. Einst machten Fischfang und Schafzucht die Region reich, wovon Prachtbauten bis heute Zeugnis geben.

Danach kommt nur noch die Insel Feuerland – der Eingang zur Hölle, wie die Seefahrer in alter Zeit meinten. Regen und Wind sind hier selbstverständlich, und am stürmischen Kap Hoorn ist mancher Kapitän gescheitert. Heute kann diese herrliche Gegend, wie auch der Nationalpark Torres del Paine mit seinen Gletschern, bequem vom Ausflugsschiff aus bestaunt werden.

DIE ENDLOSE WEITE DES SÜDENS

Links oben:
Obwohl Valdivia mit etwa 140 000 Einwohnern eine Großstadt ist, geht es in der Fußgängerzone beschaulich zu. Am 22. Mai 1960 wurden 40 Prozent der Gebäude der Stadt von bisher einem der stärksten Erdbeben Chiles zerstört.

Links Mitte:
An der Plaza Anibal Pinto, dem Stadtzentrum von Temuco. Die rasch wachsende Stadt ist Zentrum der deutschsprachigen Chilenen.

Links unten:
Der Mercado Fluvial in Valdivia. Dieser malerische Markt liegt direkt am Flussufer des Río Valdivia.

Oben:
Die Uferpromenade von Valdivia. Die 1550 gegründete Stadt gilt als einer der schönsten Orte des Landes. Schiffsfahrten auf dem Río Valdivia bis zur Mündung sind eine beliebte Attraktion.

Seite 88/89:
Puerto Octay liegt am Nordufer des Sees Lago Llanquihue in der Nähe der Halbinsel Centinela. Mit rund 860 Quadratkilometer ist er der zweitgrößte See Chiles. Im Osten erblickt man den mächtigen Vulkan Osorno mit seinen 2652 Meter Höhe.

Bilder rechts, von oben nach unten:
Impressionen aus Temuco. Leben in Chile heißt für weite Teile der Bevölkerung zunächst einmal Über-Leben. Als Straßenverkäufer, fliegender Händler oder Fabrikarbeiter (unten) kommt man zwar über die Runden, für große Sprünge – etwa eine Reise ins Ausland oder ein Auto – langen die verdienten Pesos aber nicht.

MOLINO DE AGUA

Linke Seite:
Sieht aus wie im Schwarzwald – und steht doch in Chile. In Frutillar („Fruchtweiler“) berichtet ein Freilichtmuseum, das Museo Colonial Alemán, vom Leben und Schaffen der deutschen Einwanderer.

Am Lago Llanquihue. Rund um den See leben sehr viele deutschstämmige Chilenen. Strandbesuche und Autotouren um den riesigen See – er ist über anderthalbmal so groß wie der Bodensee – sind beliebte Vergnügen. Dank des Fischreichtums ist er auch ein „Geheimtipp“ für Angler.

Deutsche Einwanderer brachten auch ihren Glauben mit; darum hat das Städtchen Frutillar eine kleine evangelische Kirche. Im Sommer (Ende Januar und Anfang Februar) finden jedes Jahr Musikwochen statt (Semanas Musicales de Frutillar).

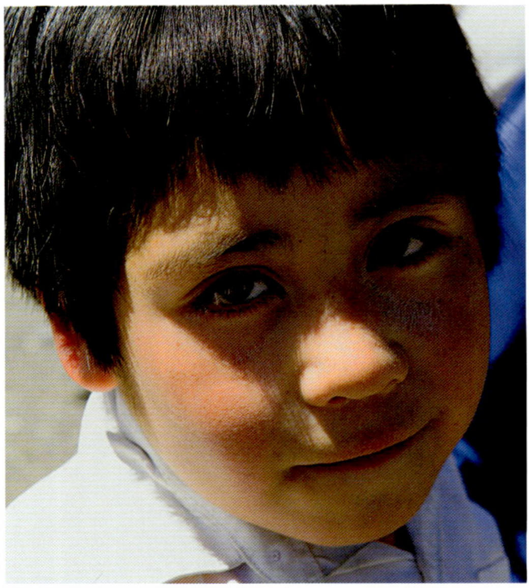

Mapuche-Kinder. Bei der Volkszählung von 2002 bezeichneten sich 4,6 Prozent der chilenischen Bevölkerung als Angehörige eines Volkes der Ureinwohner. Mehrheitlich – rund 600 000 Menschen – gehören sie den Mapuche an. Zwar sorgt sich die Regierung um die Integration, etwa durch moderne Schulen (Bild oben), doch klagen Indianerverbände über ungerechte Landenteignungen.

Oben:
Markt in Puerto Montt. Rund 1100 Kilometer südlich von Santiago liegt diese Großstadt (160 000 Einwohner). Hier beginnt der Süden Chiles, und hier endet zurzeit noch der ausgebaute Teil der Carretera Panamericana. Weiter Richtung Süden führt die Fernstraße Carretera Austral.

Bilder links:
In Angelmó, dem Hafengebiet von Puerto Montt, bietet der Fischmarkt alles, was die See hergibt und der Mensch zuzubereiten versteht: Meeresfrüchte, Muscheln und Fisch in allerlei Farben und Formen, und auch Seetang.

Rechts:
Stündlich verkehren Fähren zur Insel Chiloé, die südlich von Puerto Montt im Ozean liegt. Das rund 190 Kilometer lange und 50 Kilometer breite Eiland bildet mit seinem Archipel aus zahlreichen kleineren und kleinsten Inseln eine Art Binnenmeer.

Unten:
An der Laguna Huelde auf Chiloé. „Im Winter ist das Klima schaudervoll, und im Sommer ist es nur wenig besser.“ Das vermerkte Charles Darwin 1834 in seinem Reisetagebuch.

Ganz links:
Die Insel Chiloé ist berühmt für ihre Holzkirchen, von denen einige zum UNESCO-Welterbe zählen. Die größte, die Kathedrale San Francisco in der Hauptstadt Castro, wurde im Jahr 1906 aus Alerceholz (eine einheimische Lärchenart) erbaut.

Links:
Kirche und Dorfplatz in Quemchi auf Chiloé. – „Reisen dient nicht vornehmlich dem Verstehen… aber es hilft, einen Augenblick lang wieder bewusst die Augen zu gebrauchen: für das Lesen der Welt." (Italo Calvino, italienischer Dichter)

Ganz links:
Die beeindruckende Holzkirche von Tenaún. Im Jahr 1607 kam der katholische Orden der Jesuiten auf die Insel Chiloé. Die Patres missionierten die damaligen Bewohner, die Huilliche-Indianer. Einige Elemente des indianischen Glaubens wurden in die christliche Kultur übernommen.

Links:
4500 Einwohner zählt die Stadt Chonchi, die aufgrund ihrer Lage am Steilufer den Namen trägt: „Ciudad de tres pisos" (Stadt auf drei Etagen). Sehenswürdigkeit ist die Kirche San Carlos de Borromeo mit ihrem gelben Turm, auf dem ein blauer Helm prangt.

Linke Seite, oben und unten: *Die Stadt Quellón auf Chiloé mit ihren 21 000 Einwohnern ist über die Panamericana zu erreichen. Bis zum Anschluss an diese Straße gelangte man nur per Schiff an den Ort. Ab dem Jahr 1881 wurde der Hafen gebaut; der chilenische Präsident selbst hatte den Auftrag dazu erteilt.*

Fangfrische Jakobsmuscheln – eine Delikatesse! Frisch aus dem Ozean werden diese größten essbaren Muscheln im Hafen von Quellón verladen. Quellón ist der wichtigste Hafen von Chiloé. Die Stadt lebt neben dem Tourismus hauptsächlich von der Fischerei und der Fischindustrie.

Was gekochtem Spinat ähnelt, ist Seetang. Diese auf dem Meeresboden wachsende Pflanze dient vielen Küstenvölkern als Nahrung. Seetang wird auch für die Herstellung von Dünger verwendet, mancherorts sogar als Baumaterial zur Isolierung der Wände und zur Dachbedeckung. Diese Fischer bringen ihre Ernte ein.

Bilder links:
Elegante Luxushotels, wo Longdrinks am Pool serviert werden, sucht man auf Chiloé vergebens. Doch wer urwüchsige Natur liebt, ist hier genau richtig. Trekkingtouren oder Bootsfahrten zu den Pinguinkolonien verschaffen unvergessliche Eindrücke.

Unten:
Küste bei Pumillahue. Die Einheimischen sagen, auf Chiloé sei die Seele Chiles zu Hause. Alles geht hier ein wenig ruhiger und gelassener zu als auf dem Festland.

Bilder rechts:
Vögel, die nicht fliegen, aber dafür umso besser schwimmen und tauchen können: Wer Pinguine beobachten möchte, hat dazu in Chile an mehreren Orten Gelegenheit, etwa auf Chiloé.

Die Tiere lieben die Gemeinschaft und bilden Kolonien, wie hier auf den Islotas de Puñihuil. Der Lebensraum der Pinguine ist das offene Meer; nur zum Brüten kommen sie an Land.

Oben:
Ein Wunder der Natur bewahrt der Nationalpark Laguna San Rafael im Norden Patagoniens: Über 70 Meter hoch können die Wände des San-Rafael-Gletschers emporragen – da fühlt man sich im Schlauchboot davor ganz klein.

Rechts:
Der San-Rafael-Gletscher ist 45 Kilometer lang und 2,5 Kilometer breit und gehört zu einem 17 420 Quadratkilometer großen Biosphärenreservat der UNESCO. Für die Besucher im Boot ist Vorsicht geboten, da abbrechende Eisstücke Flutwellen auslösen.

Oben:
Faszinierend und bedrohlich zugleich: die schwimmenden Eisberge in der Laguna San Rafael. Den Besuchern bietet man hier einen Whisky an; das Eis dafür kann direkt aus dem See gefischt werden – glasklar und uralt.

Links:
Der Nationalpark Laguna San Rafael liegt 120 Kilometer südlich von Puerto Chacabuco und ist nur per Flugzeug oder Schiff zu erreichen. Trotz der niedrigen Temperaturen lässt der Anblick des Eises niemanden kalt…

DIE OSTERINSEL –

Am 5. April 1722, dem Ostersonntag, entdeckt der niederländische Seefahrer und Forscher Jakob Roggeveen (1659–1729) eine kleine Insel im Pazifik, rund 3500 Kilometer von der chilenischen Küste und 4250 Kilometer von Tahiti entfernt. Er gibt ihr den Namen „Paasch Eyland" – „Osterinsel". Sie ist maximal 24 Kilometer lang und 13 Kilometer breit, und etwa 164 Quadratkilometer groß. Den Namen Rapa Nui – „Groß-Rapa" – haben ihr vermutlich Siedler von einer Insel namens Rapa Iti – „Klein-Rapa" – gegeben, die zur Gruppe der Bass-Inseln gehört (Französisch-Polynesien). In der Sprache der Ureinwohner heißt die Osterinsel „Te pito o te henua" – „Nabel der Welt". Ihre Geschichte beginnt mit der Besiedelung durch Polynesier im 5. oder 6. Jahrhundert n. Chr. Sie bringen Hühner und Schweine auf die Insel mit, und Nutzpflanzen wie Bananen, Taro, Süßkartoffeln und Zuckerrohr.

Als Roggeveen nach Rapa Nui kommt, findet er noch etwa 2000 bis 3000 Einwohner vor; im 16. und 17. Jahrhundert dürften es 10 000 bis 15 000 gewesen sein. Doch schon 100 Jahre vor der Ankunft der Europäer hat der Niedergang der Inselkultur eingesetzt, als Folge von Übervölkerung und Ausbeutung der begrenzten natürlichen Ressourcen. Zwischen dem 9. und 17. Jahrhundert sind ungefähr zehn Millionen Palmen gefällt worden. Ohne schützenden Palmenwald führte der Wind zu starker Bodenerosion, was den Nahrungsanbau beeinträchtigte und so den Rückgang der Bevölkerung zur Folge hatte.

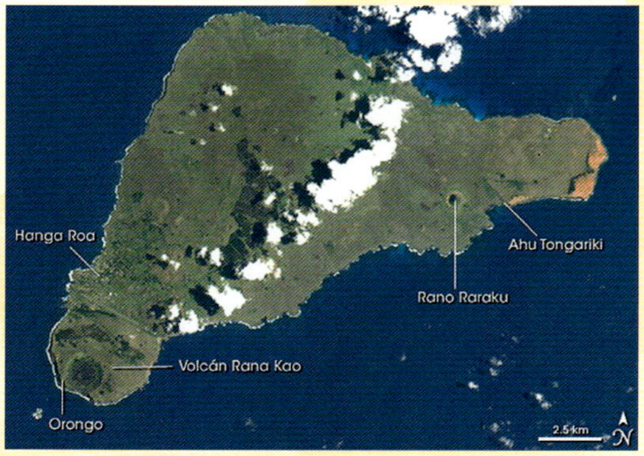

Während seiner zweiten Südsee-Expedition besucht Kapitän James Cook (1728–1779) die Osterinsel vom 13. bis 17. März 1774. Übellaunig vermerkt er in seinem Logbuch: „Keine Nation wird je für die Ehre kämpfen, die Osterinsel erforscht zu haben, zumal es kaum ein anderes Eiland im Meer gibt, welches weniger Erfrischungen bietet und Annehmlichkeiten für die Schifffahrt, denn dieses."

DIE MOAIS – GEHEIMNISVOLLE KOLOSSE

Mit an Bord sind zwei deutsche Naturforscher, Johann Reinhold Forster (1729–1798) und sein Sohn Georg. Sie beschreiben und zeichnen die steinernen Kolosse der Osterinsel, die Moais. Der englische Landschaftsmaler William Hodges (1744–1797), der ebenfalls mit Cook reist, malt einige Moais mit ihrem zylindrischen Kopfschmuck aus rötlicher Gesteinsschlacke.

Welchen Zweck diese Tuffstein-Statuen hatten, ist auch heute noch umstritten. Als Cook die Insel aufsucht, sind viele Moais bereits umgestürzt und liegen ausnahmslos auf dem Gesicht. Der Kapitän notiert: „Die dummen Steinstatuen sind sicherlich keine Abbildung irgendeines Gottes, sondern höchstwahrscheinlich Grabstätten einzelner Sippen und Familien."

Die Moais sind durchschnittlich fünf bis sechs Meter hoch und 20 bis 40 Tonnen schwer, und sehen nur scheinbar gleichför-

Rechts:
Nur auf den ersten Blick sehen die Moais von der Osterinsel alle gleich aus. Jede Figur trägt individuelle Züge und ist das Porträt einer bestimmten Person.

Ganz rechts unten:
Moais am Vulkan Rano Raraku. Aus seinem Gestein wurden die meisten dieser Kolosse hergestellt. Hier finden sich rund 400 noch unvollendete Moais; der größte ist über 21 Meter lang und wird auf 250 Tonnen geschätzt.

Links:
Die Osterinsel im Satellitenbild. Das etwa dreieckige Eiland misst nur 24 mal 13 Kilometer.

Links:
1815-18 erforschte das russische Kriegsschiff „Rurik" den Pazifik. Mit an Bord waren der deutsche Naturforscher und Dichter Adelbert von Chamisso (1781-1838) und der russische Künstler Louis Choris (1795-1828). Im Frühjahr 1816 hielt Choris die Ankunft des Schiffes vor der Osterinsel in dieser Zeichnung fest.

NABEL DER WELT

mig aus. Heute nimmt man an, dass sie Häuptlinge oder verehrte Ahnen darstellen. Sie sollen ab etwa 1400 n. Chr. als Teile von Zeremonialanlagen entstanden sein und als Grabwächter fungiert haben. Möglicherweise lag Cook mit seiner Vermutung also gar nicht so falsch.

Rund hundert Jahre nach Cooks Besuch, im Jahr 1877, war die Bevölkerung der Osterinsel durch eingeschleppte Krankheiten und die Raubzüge peruanischer Sklavenhändler auf nur noch 111 Personen dezimiert. 1888 annektierte Chile die Insel. Die Bevölkerung bekam ein kleines Gebiet an der Westküste zugewiesen; der größte Teil der Insel wurde als Weide für Schafe und Rinder genutzt.

Der Missionar und Forscher Sebastian Englert (1888–1969) lebte ab 1935 auf Rapa Nui. Er katalogisierte 638 Moais; vermutlich waren es ursprünglich über 1000. Der norwegische Ethnologe und Abenteurer Thor Heyerdahl (1914–2002), durch die „Kon-Tiki"-Expedition 1947 weltbekannt geworden, ließ 1955/56 einige Moais ausgraben und aufrichten. Die meisten der Zeremonialanlagen sind zerstört. Diejenigen, die intakt besichtigt werden können, wurden seit den fünfziger Jahren restauriert. An einer Meeresbucht befindet sich der Ahu Tongariki, die größte Zeremonialplattform Polynesiens, mit 15 wieder aufgerichteten Moais.

Politisch gehört die Osterinsel noch immer zu Chile; 2002 hatte sie 3791 Einwohner. Auch auf Rapa Nui gibt es inzwischen Internet und E-Mail; Haupteinnahmequelle der Insel ist der Tourismus. Seit 1995 gehört der Nationalpark Rapa Nui zum UNESCO-Welterbe.

Links oben: *Früher war schon die Anreise ein Abenteuer, heute führen immerhin Schotterpisten von Cerro Castillo in den Nationalpark Torres del Paine. Reguläres Verkehrsmittel sind meist ausrangierte japanische Kleinbusse.*

Links Mitte: *Hosteria am Lago Pehoé. Die unberührte Natur fasziniert Urlauber aus aller Welt. 90 000 kommen pro Jahr hierher – und*

vernichten damit, was sie gesucht haben, denn sie benötigen eine Infrastruktur, wie Straßen und Unterkünfte.

Links unten:
Hier kommt man nur zu Fuß hin, doch jede Anstrengung wird aufgewogen durch den Blick auf den „Salto Grande", den größten Wasserfall im Nationalpark, der in den Lago Pehoé fließt.

Unten:
Pablo Neruda dichtete einst über Patagonien: „Hier, Gipfel aus Dunkel / Schneegestöber / und der unendliche Stolz, / der die Einsamkeiten / erstrahlen lässt, / hier, bei einer Zusammenkunft / mit Wurzeln / oder nur bei Sturmes Gewalt / muss ich geboren sein."

Linke Seite:
Geheimtipp unter Chile-Liebhabern: Vom Lago Pehoé aus genießt man einen phänomenalen Blick auf das Zentralmassiv im Nationalpark Torres del Paine.

Obwohl die Lebensbedingungen in Patagonien alles andere als gastlich sind, erweisen sich Flora und Fauna als äußerst vielfältig. Im kurzen Sommer erblühen Sträucher, Gräser und Flechten in prächtigen Farben. Und wer Geduld und etwas Glück hat, kann scheue Tiere beobachten, vom Buntspecht bis zum Fuchs.

Am Río Paine vor dem Berg Almirante Nieto („Admiral Nieto"). Hier passt der Text aus der chilenischen Nationalhymne: „Rein ist, Chile, dein Himmel, der blaue, / Linde Lüfte durchwehn dein Gefild, / Prächtig leuchtet dir blumige Aue; / Bist fürwahr Edens glückliches Bild."

Selten bietet sich ein so grandioser Panoramablick auf das Gebirge im Nationalpark Torres del Paine. Dessen Wahrzeichen sind drei Granitzinnen, die zwischen 2200 und 2500 Meter hoch aufragen.

Sie gehören zur Familie der Kamele: die Guanakos im patagonischen Nationalpark Torres del Paine. Aus dieser wildlebenden Art ist das domestizierte Lama hervorgegangen. Die Tiere ernähren sich vorwiegend von Gräsern und können so noch in einer Höhe von 4000 Meter leben. Bei der Ankunft der Spanier in Südamerika gab es schätzungsweise 50 Millionen Guanakos. Seitdem wurde das Tier wegen seines Fells gejagt, vor allem aber, um Weideland für Schafherden zu gewinnen. Durch massenhaften Abschuss verringerte sich die Zahl auf etwa 1 Prozent des ursprünglichen Bestands.

Guanakos bilden Familienverbände von etwa fünfzehn Tieren. Einem männlichen Leittier folgen mehrere ausgewachsene Weibchen und deren Jungen. Im Alter von 12 bis 15 Monaten werden die Jungtiere aus dem Verband vertrieben. In freier Wildbahn setzt meist der Puma dem Leben der Guanakos ein Ende. Junge und kranke Guanakos können auch von Kondoren oder Schakalen erbeutet werden.

Allein schon ein Grund, eine Reise nach Chile zu unternehmen, ist der Lago Grey im Nationalpark Torres del Paine mit seinem majestätischen Gletscher und seinen Eisbergen. Mit unvergesslichen Eindrücken wird belohnt, wer sich hierher zu einer Trekkingtour aufmacht und dem kalten Wind trotzt. Bequemer geht es mit dem Boot, das ganz nah an die im Sonnenlicht bläulich schimmernden Eismassen heranfährt.

Der 20 Kilometer lange Gletscher reicht bis in den See. Immer wieder krachen mit ohrenbetäubendem Getöse riesige Eisbrocken ins Wasser.

Die kurzen Sommer hier im Süden Chiles lassen sie noch jahrelang im kalten Wasser des Lago Grey treiben, ehe sie weggetaut sind. Die patagonische Eisplatte ist das größte Inlandpackeisgebiet der Welt.

Oben:
Im Norden des amerikanischen Kontinents heißen sie „Cowboys“, im Süden „Gauchos“. Das Leben der Viehzucht treibenden Landarbeiter in den Weiten des Landes wird in der Folklore romantisch verklärt, doch ihr Alltag ist hart.

Rechts:
„Estancia“ nennt man in Südamerika ein Landgut. In der schier endlosen Pampa Patagoniens finden sich ungezählte Höfe, die Weidewirtschaft mit Mastrindern, Schafen und Milchkühen betreiben.

Oben:
Weitab der Zivilisation gelegene Estancia am Rande des Nationalparks Torres del Paine. Früher hausten hier nur Gauchos, heute suchen auch stressgeplagte Touristen diese Einöde auf.

Bilder links:
Tiere, die sich dem rauen Klima und der spröden Umwelt Patagoniens angepasst haben: Adler und Guanakos sind einheimisch, Pferde und Schafe wurden erst durch die spanischen Eroberer eingeführt.

Oben:
In Chile, dem Land der „verrückten Geographie", ist Landwirtschaft nur auf knapp einem Viertel der Fläche möglich. 6 Prozent werden für den Ackerbau genutzt, 17 Prozent als Weideland, wie hier bei Cabeza del Mar nördlich von Punta Arenas.

Rechts:
Malerisch gelegen, aber ohne Infrastruktur: Patagonien erlegt seinen Bewohnern strenge Lebensbedingungen auf. Die vor allem im 19. Jahrhundert besiedelte Gegend entvölkert sich allmählich wieder; die Menschen wandern in die großen Städte ab.

Links:
Stumme Zeugen des starken Windes in Patagonien: Buchen südlich von Puerto Natales. Über das Wetter pflegt man im südlichen Chile zu scherzen: Man erlebt alle Jahreszeiten an einem Tag.

Unten:
In manchen Gegenden – wie hier bei Puerto Natales – übersteigt die Zahl der Rinder jene der Menschen bei weitem. Die Tiere grasen fernab einengender Ställe in herrlicher Landschaft. Das kommt der Qualität ihres Fleischs zugute.

Oben:
Als südlichste Großstadt der Welt gilt Punta Arenas, Mitte des 19. Jahrhunderts an der Magellanstraße gegründet. Der Hafen der Stadt war einmal Station an einem der wichtigsten Handelswege der Erde. Nach der Eröffnung des Panamakanals wurde die Stadt Zentrum des chilenischen Wollhandels.

Rechts:
Punta Arenas ist Ausgangspunkt für Exkursionen und Kreuzfahrten zum „Ende der Welt", zu Fjorden und Pinguinkolonien. Besondere Sehenswürdigkeit: „der schönste Friedhof Südamerikas" – wie die Einheimischen meinen –, mit Gräbern deutscher, englischer und kroatischer Einwanderer.

Links:
Porvenir („Zukunft“) nannten die meist aus Kroatien stammenden Siedler Ende des 19. Jahrhunderts ihre Gründung an der Magellanstraße. Heute zählt die größte chilenische Stadt auf der Insel Feuerland rund 6400 Einwohner. Eine täglich verkehrende Fähre verbindet den Ort mit Punta Arenas.

Unten:
Am Bootssteg von Porvenir. – Der Dichter Manfred Thiel fasst seine Liebe zu Chile in schwärmerische Verse: „Die Größe deiner Schönheit, Chile, ist / Gewaltig und so herrlich, dass ich schweige / Wie gern ich mich vor dieser Schönheit neige! / Du bist ein Wesen, das sich nie vergisst.“

REGISTER

PERU
Arequipa
La Paz
Cochabamba
Oruro
Sucre
Altiplano
BOLIVIEN
Volcán Tacora
5988m
Tacna
Putre
Arica
Chaca
Guallatiri
6060m
Chilcaya
Cordillera Occidental
Cuya
Pisagua
Coscaya
Sillajhuay
5995m
Iquique
Pintados
Cerro Paroma
5739m
Ollagüe
Caleta Lobos
Hilaricos
Cerro Araral
5680m
Tocopilla
Chuquicamata
Calama
Volcán Llcancabur
5921m
Mejillones
Baquedano
San Pedro
de Atacama
Cerro Pili
6050m
Antofagasta
Atacama
Cordillera Domeyko
Socompa
Volcán Llullaillaco
6723m
Los Vientos
Paposo
Salta
Taltal
CHILE
Cerro Donalnes
5070m
Cerro Colorados
6049m
Altamira
El Salvador
Chañaral
Cerro Bravo
5315m
Nevado Ojos
del Salado
6908m
San Miguel
de Tucumán
Caldera
Copiapó
Castilla
Carrizal Bajo
Huasco
Vallenar
Cerro de Petro
5830m
Domeyko
Cerro del Toro
6380m
Tres Cruzes
La Rioja
La Serena
Coquimbo
Cerro Las Tortolas
6332m
ARGENTINIEN
Ovalle
Cerro de Volcán
3510m
Maitencillo
Combarbalá
Cordoba
San Juan
Illapel
Los Vilos
Cerro Aconcagua
6960m
La Ligua
Mendoza
Quillota
San Felipe
Los Andes
Viña del Mar
Valparaíso
Quilpué
Cerro Tupungato
6800m
San Luis
Santiago
Puente Alto
San Antonio
San Bernardo
Navidad
Rancagua
Pichilemu
Volcán Peteroa
4090m
San Rafael
San Fernando
Curicó
Volcán Peteroa
4090m
Constitución
Talca
San Clemente
Linares
Campanario
4020m
Cauquenes
San Carlos
Chillán
Talcahuano
Concepción
Florida
Volcán Chillán
3212m
PAZIFISCHER OZEAN

Rancagua
Volcán Peteroa
4090m
Pichilemu
San Fernando
San Rafael
Curicó
Volcán Peteroa
4090m
Constitución
Talca
San Clemente
Linares
Campanario
4020m
Cauquenes
San Carlos
Talcahuano
Chillán
Volcán Chillán
3212m
Florida
Concepción
Volcán Antuco
2990m
Arauco
Los Angeles
Curanilahue
Angol
Cañete
Volcán Copahue
2969m
Traiguén
Victoria
Lautaro
Volcán Llaima
3124m
Temuco
Neuquén
Loncoche
Pucón
Volcán Lanín
3740m
Valdivia
Volcán Cochuenco
2415m
Paillaco
La Unión
Osorno
Volcán Osorno
2660m
Purranque
San Carlos
de Bariloche
Puerto Montt
Anden
Cerro Aguia
2350m
ARGENTINIEN
Ancud
Castro
Chato
2440m
Trelew
Isla Chiloé
Quellón
Palena
Cerro Steffen
2108m
Monte Melimoyu
2400m
Isla
Magdalena
Archipiélago
de Chonos
Puerto Aisén
Coihaique
Comodoro
Rivadavia
Balmaceda
Cerro San Valentin
4058m
Península
de Taitao
Lago General
Carrera
Cerro Arenales
3440m
Chochrane
Cerro San Lorenzo
3700m
Golfo de
Penas
CHILE
Cerro Lautaro
3380m
Isla
Wellington
Cerro Murallon
3600m
Cerro Bertrand
3270m
Isla Madre
de Dios
Isla
Hanover
Cerro Paine
2360m
Puerto Natales
Archipiélago
de la Reina
Adelaida
Isla
Riesco
Isla
Riesco
Gregc
Magellanstraße
Punta
Arenas
Porvenir
Feuerland
Isla Santa Ines
Isla
Dawson
Isla
Aranca
Monte Darwin
2438m
Ushuaia
Isla Hoste
Isla Navarino
Cabo de Hornos
(Kap Hoorn)
PAZIFISCHER OZEAN
ATLANTISCHER OZEAN

Diese jungen Mapuche stehen vor der Herausforderung, die kulturelle Identität ihres Volkes auch im 21. Jahrhundert zu bewahren. Die „Menschen der Erde" – so die Übersetzung ihres Namens – haben ein Sprichwort, das wohl für alle gilt: „Was der Natur angetan wird, tun wir uns selber an."

Impressum

Buchgestaltung
hoyerdesign grafik gmbh, Freiburg

Karte
Fischer Kartografie, Aichach

Printed in Germany
Repro: Artilitho, Trento-Lavis, Italien
Druck und Verarbeitung: Offizin Andersen Nexö, Leipzig

ISBN 978-3-8003-1786-8

Unser gesamtes Programm finden Sie unter:
www.verlagshaus.com

Fotograf
Karl-Heinz Raach *lebt als freier Fotojournalist bei Freiburg. Seine Fotos erscheinen in zahlreichen Bildbänden, Kalendern und Reisemagazinen.*

Autor
Georg Schwikart *lebt als freier Schriftsteller und Publizist in Sankt Augustin bei Bonn. Er ist Autor zahlreicher Bücher und Beiträge für Anthologien, Zeitungen und Magazine.*

Danksagung
Fotograf und Autor danken der chilenischen Fluggesellschaft LAN für die freundliche Unterstützung.

Der Verlag dankt Ed Janssen für die freundliche Unterstützung und für das Bild (Seite 20/21) zum Abdruck.
ESO – Europäische Sternwarte (www.eso.org)

Stürtz